Second Edition

MODELOS

AN INTEGRATED APPROACH FOR
PROFICIENCY IN SPANISH

Agnes L. Dimitriou
University of California, Berkeley

Frances M. Sweeney
Saint Mary's College of California

Adelaida Cortijo
Slippery Rock University

Boston   Columbus   Indianapolis   New York   San Francisco   Upper Saddle River
Amsterdam   Cape Town   Dubai   London   Madrid   Milan   Munich   Paris   Montréal   Toronto
Delhi   Mexico City   São Paulo   Sydney   Hong Kong   Seoul   Singapore   Taipei   Tokyo

Acquisitions Editor: Tiziana Aime
Editorial Assistant: Gayle Unhjem
Director of Marketing: Kris Ellis-Levy
Marketing Coordinator: Bill Bliss
Senior Managing Editor for Product Development:
  Mary Rottino
Associate Managing Editor (Production):
  Janice Stangel
Senior Production Project Manager:
  Nancy Stevenson

Senior Media Editor: Samantha Alducin
Operations Specialists: Brian Mackey/Christina
  Amato
Full-Service Project Management: Heidi Allgair,
  Element-Thomson North America
Composition: Element-Thomson North America
Printer/Binder: R. R. Donnelley
Cover Printer: R. R. Donnelley
Cover Image: luvhotpepper/iStockphoto
Publisher: Phil Miller

This book was set in 10/12 Palatino.

TEXT CREDITS: **p. 9:** "Preámbulo a lad instrucciones para dar cuerda al reloj." Julio Cortázar. Used by permission of Carmen Balcells Agencia Literaria. **p. 18:** "Mi tío Cirilo," Sabine Ulibarrí. Used by permission of Connie Ulibarrí. **p. 31:** "El corrido de Gregorio Cortez." Used by permission of Arhoolie Productions Inc. **p. 59:** "Abril. Mole de guajoloted con almendra y ajonjolí," Laura Esquivel. Used by permission of Random House, Inc. **p. 71:** "Film review of Como agua para chocolate," James Beradinelli. Used by permission of James Beradinelli. **p. 79:** "Un día de estos," Gabriel Garcia Márquez. Used by permission of Carmen Balcells Agencia Literaria. **p. 91:** "Y vendimos la lluvia," Carmen Naranjo. Used by permission of Carmen Naranjo. **p. 105:** Lección de cocina," Rosario Castellanos. Used by permission of Fondo De Cultura Económica, S.A. de C.V. **p. 123:** "Las abejas de bronce," Marco Denevi. Used by permission of Corregidor. **p. 141:** "La cámara oscura," Angélica Gorodischer. Used by permission of Angélica Gorodischer.

Library of Congress Cataloging-in-Publication Data
Dimitriou, Agnes L.
  Modelos : an integrated approach for proficiency in Spanish with text and writer's manual/Agnes L. Dimitriou, Frances M. Sweeney, Adelaida Cortijo. — 2nd ed.
      p. cm.
  Includes index.
  ISBN-13: 978-0-205-76758-8
  ISBN-10: 0-205-76758-3
    1. Spanish language—Textbooks for foreign speakers—English speakers.
2. Spanish language—Composition and exercises.   I. Sweeney, Frances M.
II. Cortijo, Adelaida.   III. Title.
PC4129.E5D57   2011
468.2'421—dc23

                                                2011023655

10 9 8 7 6 5 4 3 2 1

PEARSON   www.pearsonhighered.com

ISBN-10:   0-205-76758-3
ISBN-13: 978-0-205-76758-8

CONTENIDO—MODELOS

A **Writer's Manual,** written to closely accompany the textbook, is available for purchase.

CONTENIDO—WRITER'S MANUAL

INTRODUCTION AND GUIDE
TO **MODELOS, SECOND EDITION**

Modelos, Second Edition, offers a text- and manual-guided program designed for students within the ranges of intermediate high and advanced mid stages of proficiency (according to guidelines established by ACTFL). In this second edition, **Modelos** concentrates on helping students fill in their basic knowledge with more control of the information they already possess, with a primary goal of enhancing and empowering the students in their critical thinking, receptive, and productive abilities. The premise is that through structured practice of their existing knowledge, the students' proficiency and confidence in using the language will grow. Understanding the subtleties of the language will occur as students take active ownership of their language production.

Modelos emphasizes development in the writing skill, but time is devoted to growth in all four of the modalities of language: reading, writing, speaking, and listening. The text is organized to integrate grammatical review as well as to enhance the students' critical thinking and interpretive skills; this should serve as ample preparation for continued study in literature, literary analysis, and/or linguistics. The orientation of **Modelos** emphasizes the learner becoming motivated to comprehend and produce Spanish with an intention to make students assume responsibility, pride, and accountability for their production. Each of the students is also an author, with a voice and ideas: at all junctures, **Modelos** strives to reinforce this notion.

WHAT'S NEW IN THE SECOND EDITION?

Modelos, Second Edition, has been reorganized in key ways to enhance both the text and manual, and the flow between them:

- *Instructor adaptability.* Similar to the first edition, our aim is to provide a comprehensive text and manual covering all modes of language development for learners at various levels of intermediate proficiency. We expect that each instructor will emphasize the components to varying degrees, combining those aspects that best suit their course and meet the learning outcomes desired. In this second edition, there are detailed and focused exercises within each chapter of the text and in the **Writer's Manual** for those who wish to follow the text closely. For those who wish to select areas of emphasis, sections of the text and manual can also stand alone.
- *Chapters and chapter division.* The text has been shortened from twelve to ten chapters. In each chapter, there are now three primary divisions: Paso 1: *Leer por modelos,* Paso 2: *Escribir por modelos,* and Paso 3: *Crear nuestro modelo.* As noted, the first division, Paso 1, provides strategies for reading and discussion, concentrating on the various roles students play in reading, analyzing, and

interpreting the different genres included across the chapters. The second section, Paso 2, includes strategies related to the process of writing and instruction in writing genres applicable to college students. The third section, Paso 3, provides strategies for drafting and editing, with a special emphasis on particular tips for enhancing each composition.

- *Comunidad de lectores: student initiative and involvement.* **Modelos, Second Edition,** maintains the hope that students will be encouraged to take leadership roles in their own development and that of their peers. Particular attention has been devoted to the pre-reading and post-reading exercises. Following current theories of language acquisition, exercises proceed from individual to pair to group, small and large; they also normally proceed from written activities to oral activities, to reinforce student comfort and confidence in participation.

The *Comunidad de lectores* has been developed extensively as a possible method through which students can assume an active role, taking turns to explore its different aspects. Also, there is a suggested plan for each chapter related to pre-reading research, and topic and theme identification and stimulation via prompting with personal and sociocultural contexts, as well as post-reading analysis, interpretation, and discussion. If using some or all of the *Comunidad de lectores* is desired, this component can be adapted by the instructor for whatever degree of usage—in terms of homework and class individual and group time this section will have. Thus, the intention is that the pre- and post-reading activities can be used with or without integration of the formal suggested plan for the *Comunidad de lectores* in each chapter.

- *Readings.* Many of the readings from the first edition have been kept; changes have been made to provide variety and better address students' reading development. The readings at the beginning of the text allow for discussions leading to short essays that deal with description and lead to more narrative structures that permit the inclusion of different points of view and provide a variety of time periods, genre, and socio-cultural contexts. These readings present contrasts in styles and length. The later readings are longer with complexities that bring more abstract reasoning for argumentative essays. The poems in the text encourage discussions of poetry itself and how writers choose words and justify their interpretations. The variety of reading selections allows the instructor to make pairings for essay topics that meet the interests, knowledge, and ability of the students.
- *Text and Manual alignment.* Like the text, the **Writer's Manual** has been shortened from twelve to ten chapters, and has three primary divisions: Paso 1: *¡A conversar!* Paso 2: *¡A redactar!*, and Paso 3: *¡A mejorar!* The order of division relates to the order of the

text; connections between text and manual have been enhanced. Paso 1 complements Paso 1 of the text by containing exercises that incorporate the vocabulary of the readings, as well as topics related to those of the reading. Paso 2 contains strategies for editing and guides students in peer editing and evaluation. Paso 3 offers a review of Spanish grammar. Grammar topics are organized with the readings of the chapters in mind. The Appendices offer further instruction on elements of Spanish grammar, such as abbreviations, punctuation, and numbers.

Instructor's Resource Manual

The **Instructor's Resource Manual** contains a sample lesson plan, sample syllabus, and suggestions for integrating the text and **Writer's Manual**, especially the use of peer review. It provides assistance to those who have used the first edition and want to study the differences between the first and second editions, and helps those who have not used **Modelos** before, by offering advice on each of the components of the text and Writer's Manual. For the *Comunidad de lectores*, which is an innovative pedagogical technique, there are recommendations for both the global use across the term and chapter-by-chapter plans.

The Instructor's Resource Manual is available to instructors online at the **Modelos, Second Edition,** Instructor Resource Center.

GOALS

The goals of the **Modelos** text and **Modelos Writer's Manual** can be summarized in five areas:

1. To help students further their ability in the production and comprehension of Spanish.
2. To help students gain confidence in their usage of Spanish in order to communicate and understand at a level that approximates and furthers their native language ability as well, in such areas as critical reading, writing, discussion, and thinking. The focus is on communicative choices and content. Grammar review and intermediate level explanations are integrated as a critical complement to skill development.
3. To help students acquire and inculcate strategies and habits of composition (strategies in pre-writing, writing, revising, editing, and evaluation) that go beyond any particular level or text, and that they can utilize in any language situation or assignment. This includes the development of reflection and self-assessment, as well as precision in language use.
4. To foster critical and integrative thinking skills. Beyond the "what" of the instruction in the particular subject matter of Spanish, **Modelos**

addresses the "how" of learning development. The text activities, especially the inclusion of a focus on learning communities for reading, are designed to enhance each student's ability to listen, share, and participate in dialogues beyond the level of comprehension or passive reception of information.

5. To provide instructors an integrated program from which they can emphasize the learning outcomes most pertinent to their own students, be it review of grammatical structures, composition development, or literary interpretation and analysis.

FORMAT AND SEQUENCE

Modelos is comprised of a text and a separate **Writer's Manual**, developed for students in the third year conversation/composition courses or syntax/composition courses. Each chapter of **Modelos** has been organized around the theme of models because we believe the concept of modeling distinct roles suits the composition process well. First, the readings in the text serve as models for composition strategies and syntactic growth; second, we ask the students to consider the different models, or roles and functions, writers take in the writing process. Chapters are arranged around these different role models; for example, Chapter 2 discusses the writer as a photographer; Chapter 7, the writer as a lawyer, and Chapter 9, the writer as a scientist. We believe the theme serves to maintain interest among instructors and students across a term as it explores the connection between language and how we use it according to the different roles we play. It is hoped that the double meaning of *modelos* —as models students will analyze, and roles they will assume—serves well to help students remember the different aspects of composition and the interrelatedness of the other productive and receptive skills.

The **Modelos** text and **Writer's Manual** are complementary, emphasizing the dual need for disciplined review of form and intentional writing. The text consists of the reading selections and instruction of writing, process, and product. The **Writer's Manual** consists of chapters and divisions that align with the text, and contains reviews of grammatical structures in an order consistent with the style of writing per chapter. The **Writer's Manual** also has an additional focus on oral proficiency, editing, and assessment exercises to complement the composition instruction in the text. At the end of the **Writer's Manual**, there is a series of appendices of resource materials, from ACTFL guidelines for proficiency in writing to verb conjugations to abbreviations of Spanish terminology.

The material is easily applicable to a one- or two-semester program, depending on particular curricular needs and emphases. Our aim is to offer each instructor a thorough pedagogical and methodological package from which to craft his/her own curriculum given particular priorities.

The reading activities have been geared to engage students actively in the reading process. Through the creation of learning communities, in which each student plays an important role in the reading process (e.g., investigators of background information, vocabulary expert, interpreters of information, facilitator of discussion), students are the key facilitators of the discussion, and the professor serves as a guide, participant, and mentor. These activities promote the critical and integrative thinking desired of students at this level, preparing them for advanced study.

The composition component of the text includes attention to syntax (grammatical competence), structure (clause and sentence level attention), style (e.g., elements of tone, voice, precision, and concision), and framework (creating a comprehensive text around a central idea). These four aspects are discussed across chapters, again reinforcing the idea of recycling information and inculcating strategies across genre and assignment. Attention is especially paid to paragraph development, including free-writing, drafts, and revisions.

Paso 1: *Leer por modelos*

This section consists of readings of various genres and themes. Each reading serves as a model for the composition task, a foundation for developing critical reading strategies, and a means to become familiar with Hispanic culture(s). First, the *Estrategias de lectura* section provides explicit instruction in methods for reading and understanding text. Depending on the goals of the chapter, there are one or two reading models. Because we wish to prepare students for advanced study of Spanish, the type and length of reading progresses through the chapters to greater levels of complexity through the text. Each reading has pre- and post-reading activities; these activities can either be assigned as stand-alone homework, or organized through the *Comunidad de lectores*. This collaborative community is comprised of six roles for students to learn and rotate throughout the course. This reading community helps students hone their own ability to read, understand, and analyze forms of literature and it helps them develop collaborative skills related to interpretation, listening, asking questions, respectful dialogue, and group discussion and analysis. A glossary of key words is found at the end of each reading to aid comprehension and vocabulary building.

Paso 2: *Escribir por modelos*

In this section, aspects of composition are explored. First, we consider the thematic model of the chapter. Next, we review the reading for its representation of the model. Following the reading and discussion, we study strategies for the stages of writing, including the process of drafting and editing. There is attention to the writing style being developed (e.g., description, narration, argumentation, review).

Paso 3: *Crear nuestro modelo*

At the end of each chapter we pull the pieces together to write our own essays, given the model presented. Throughout the text the assignments grow more complex as we consider fully all the aspects of Spanish syntax and composition. In this section we also explore perhaps the most critical juncture of writing: the revision process. We refer to the **Writer's Manual** for more strategies in editing and for peer evaluation of writing samples. We also refer to the **Writer's Manual** for a review of grammatical items. In addition, the *Claves de la composición* section providers helpful hints for good writing. Students are asked to edit student writing provided in the **Writer's Manual** (individually and as a group), as well as to consider means of peer-editing and self-revision. In the text, as a final check of the material in each chapter, a "verification list" is included for students to confirm their work; this verification list varies per chapter as more strategies are studied.

WRITER'S MANUAL

Like the text, the **Writer's Manual** has three sections: Paso 1: *¡A conversar*, Paso 2: *¡A redactar*, and Paso 3: *¡A mejorar!* The **Writer's Manual** is meant to be used in conjunction with the text, as a "writer's manual" more than a workbook. This is where students can comfortably practice their speaking and writing skills; the writing samples provided are from other university level students, which should allow students to learn critical skills of editing another text before they do peer or self-editing. These models should also give them some sense of what other student peers are able to achieve in writing.

Paso 1: *¡A conversar!*

The first section of the **Writer's Manual** offers means for students to strengthen their vocabulary and practice conversation. With exercises based on the vocabulary of the readings, students will strengthen their comprehension of this vocabulary at the same time they learn more words and practice skills such as circumlocution. In *Hablemos personalmente*, students explore questions related to themes found in the reading. This section is meant to be completed by pairs and then groups, emphasizes oral proficiency development in an informal way, and encourages sustained conversation (understanding the concept of conversation opening, body, and conclusion).

Paso 2: *¡A redactar!*

In this second section of the **Writer's Manual**, students continue the focus on writing instruction initiated in Paso 2 of the text; whereas the text explores skill development in the process of writing and introduces the genre to be studied, Paso 2 in the **Writer's Manual** encourages students to review and edit their own work. The **Writer's Manual** provides guided reading of student samples and questions for editing and evaluation.

Paso 3: ¡A mejorar!

In this section, students are provided a comprehensive review of the structures of Spanish, verbal and lexical. The grammar review is written for intermediate/advanced learners in mind. This section can be assigned to those who need to review many grammatical elements, or it can be used for those who want more information on a particular item. The exercises progress from discrete point to open-ended.

Appendices

The **Writer's Manual** has seven appendices that offer further material on Spanish usage. These include punctuation and diacritics, numbers, abbreviations, and verb conjugations. There are also ACTFL guidelines for writing proficiency and an answer key.

FINAL COMMENT

In the first chapter, we incorporate guidelines for evaluating and grading a piece of writing. These guidelines are not merely a correction key for the student to use in editing, but they can also serve as an overview of what makes a good piece of writing. We wish to help students understand the notions of good and poor composition, in Spanish or in any other language. Our aim is to help students accept their position not just as writers, but indeed, as authors. This can serve as a source of positive reinforcement and motivation rather than a list of rights and wrongs.

We have written **Modelos, Second Edition**, to offer you much from which to choose as you develop your own course. At all turns, we strive to put the student in the driver's seat, with the instructor as the sage on the side directing the development. At the intermediate level of language development, students have many of the necessary tools to succeed in Spanish; we believe this integrated approach offers them the time, space, and interest to excel.

Agnes L. Dimitriou
Frances M. Sweeney
Adelaida Cortijo

ACKNOWLEDGMENTS

We thank our students and our colleagues at Saint Mary's College of California, the University of California at Berkeley, Slippery Rock University, and San Jose State University, as well as others who reviewed the first edition and provided input. We appreciate the inspiration for the *Comunidad de lectores* from Nelleke Van Deusen-Scholl and the permission of the authors for their work and of ACTFL for the inclusion of the proficiency guidelines in writing.

ABOUT THE AUTHORS

Agnes Dimitriou is the Director of the summer Spanish Program and a member of the Department of Spanish and Portuguese at the University of California at Berkeley. An ACTFL proficiency trainer and rater, Agnes' interests include writing development, cultural studies, and Latin American women writers.

Frances M. Sweeney is Academic Vice Provost and Professor of Spanish at Saint Mary's College of California. With a degree in Hispanic Applied Linguistics, Frances' interests include integrated language acquisition, Spanish phonetics and phonology, assessment, student development, and the changing role of the professor in higher education.

Adelaida Cortijo is an Assistant Professor of Spanish at Slippery Rock University of Pennsylvania. With a degree in Romance Languages and Literatures from the University of California at Berkeley, Adelaida's interests include second language acquisition, assessment, and Peninsular Literature, in particular Renaissance and Golden Age Drama.

¿Yo, escritor/a? Identidades y reflejos

En este capítulo empezamos nuestra exploración de diversos modelos. Damos inicio al viaje, haciéndonos una pregunta que parece fácil de contestar: ¿quiénes somos? Nos miramos en el espejo todos los días, pero ¿qué vemos? Tal vez esta pregunta no sea tan fácil de responder y nos presente algunos interrogantes. A veces los espejos no reflejan todo claramente. Algunos inclusive iluminan sólo una parte de nuestra identidad, o distorsionan la imagen y presentan reflejos poco reconocibles.

Los ejercicios de lectura y escritura de este capítulo nos ofrecen modelos para considerar algunos aspectos sobre la identidad: la definición y la descripción.

PASO 1   LEER POR MODELOS

Al ver tu reflejo en el agua, ¿qué ves? ¿Te fijas en algún rasgo en particular? Cuando te miras en un espejo o en una fotografía, ¿cómo te ves? ¿Cómo describes lo que ves? Presentamos dos modelos de lectura en los cuales los autores revelan sus propias maneras de reflexionar sobre sí mismos: "Versos sencillos" del escritor cubano José Martí y "Preámbulo a las instrucciones para dar cuerda al reloj" de Julio Cortázar. Ambos autores nos ofrecen maneras de crear descripciones, utilizando técnicas diferentes.

Estrategias de lectura: Nuestra comunidad de lectores

Para mejorar nuestra capacidad como lectores avanzados, vamos a crear una "comunidad de lectores". En la comunidad, habrá seis miembros con funciones distintas que nos facilitarán una lectura comprensiva del texto. A lo largo de los capítulos, estudiaremos varias estrategias y maneras de leer y analizar individualmente, o en grupo, una lectura.

Los miembros de la comunidad son:

1. *El moderador:* Asume la responsabilidad de facilitar la conversación sobre la lectura. Su tarea es trabajar con el instructor/la instructora para diseñar el plan de análisis de la lectura. La discusión de la lectura debe incluir a todos los miembros y debe ser activa. Con la información que nos presentan los demás miembros de la comunidad, el moderador ayuda a dirigir la conversación y toma apuntes de las ideas más sobresalientes. Se pueden preparar varias preguntas de discusión sobre la lectura, dirigidas a los lectores: ¿Qué opinan éstos sobre la lectura? ¿Cómo reaccionaron? ¿Les gustó? ¿Les sorprendió? ¿Les sugirió preguntas al leerla?

2. *El biógrafo:* Se ocupa de buscar información sobre el escritor. Puede incluir una exploración de los datos biográficos, la trayectoria del autor, el estilo, el contenido y los temas comunes con otros escritores del mismo movimiento literario. Su tarea es la de facilitar la discusión preliminar antes de la lectura.

3. *El historiador:* Asume la responsabilidad de buscar información sobre la época y el contexto social y artístico en que se escribió la obra. Será de gran utilidad el uso de fotos o cuadros para contextualizar

la época. No es necesario efectuar una presentación formal, sino encontrar aspectos que contribuyan a la comprensión de la lectura. El historiador debe escoger algo que le interese a él también. Junto con el biógrafo, los historiadores van a conducir la discusión preliminar. Puesto que estos dos papeles presentan información para entender mejor las circunstancias personales y sociales de la lectura, se puede hacer una presentación combinando los dos papeles.

4. *El que resume:* Asume la responsabilidad de preparar un resumen oral breve (de 2 a 4 minutos). La tarea consiste en destacar los puntos sobresalientes de la lectura. Se trata de contestar la pregunta, "¿Cuál es la información esencial para comunicar lo que presenta la lectura?"

5. *El experto del lenguaje:* Su responsabilidad es la de identificar las palabras clave de la lectura y señalar:

    a. dónde se encuentra la palabra

    b. cuál es el significado en este contexto particular

    c. por qué es esencial esta palabra

    El resumen tiene que ser breve de modo que capte la esencia de la lectura. También las palabras clave, por ser fundamentales, tienen que figurar en el resumen.

6. *El intérprete:* Asume la responsabilidad de reflexionar sobre los temas y establecer conexiones entre éstos y la vida diaria. Junto con el moderador, el intérprete debe tomar apuntes de las ideas sobresalientes, y encontrar pasajes y palabras en el texto que ejemplifiquen sus ideas para ayudar a la comunidad a entender la lectura en sí y analizarla dentro de un contexto más universal. Algunas preguntas posibles son:

    a. ¿Ha ocurrido algo en tu vida que se relacione con lo que les ocurre a los personajes?

    b. ¿Hay algo en la lectura que te haga pensar en tu propia vida o en el mundo actual en general?

    Con este método aprendemos a compartir el proceso de lectura, análisis e interpretación del texto, a medida que exploramos temas universales; de esta manera analizamos la lectura y realizamos una discusión "crítica" de un texto, lo que nos permite luego llevar a cabo discusiones sobre cualquier lectura. Como hemos visto, el propósito de la comunidad de lectores es dividir los papeles entre los miembros de la comunidad para que cada uno ejecute una función distinta en la lectura. Después de haber terminado la tarea individual, los miembros incorporan su trabajo a la discusión de la comunidad.

Recuerda: Cada miembro asume la responsabilidad de cumplir con su papel, haciendo la tarea en casa y preparando el material para la discusión colectiva. En clase, cada miembro coopera con el moderador y comparte la responsabilidad de conversar. El objetivo es crear una clase participativa entre el profesor y todos los compañeros.

Modelo 1: Jose Martí, "Versos sencillos"

Moderadores:

Con el instructor/la instructora, hagan un plan para facilitar la conversación al finalizar la lectura. Deben 1) asignar a los otros miembros de la comunidad sus papeles y 2) diseñar el formato del análisis de la lectura: ¿Qué objetivos quieren alcanzar? Organicen la clase en los grupos deseados según su responsabilidad.

Plan sugerido para la lectura:

Al ser la primera vez que usamos la comunidad de lectores, vamos a juntarnos por papeles. Es decir, todos los miembros de un mismo papel formarán comunidades de lectura antes y después de la misma. Hay seis grupos según la siguiente división: los biógrafos, los historiadores, los que resumen, los expertos del lenguaje, los intérpretes y los moderadores. Los biógrafos y los historiadores nos adelantarán el análisis al presentar la información sobre el escritor y su trayectoria.

Biógrafos:

Busquen información sobre José Martí. Podrán usar los recursos de la biblioteca y la red internacional para encontrar información. ¿Por qué se le considera héroe nacional? También pueden analizar la canción "Guantanamera" y relacionarla con este poema. Si pueden, traigan a la clase un disco de la canción.

Historiadores:

Busquen información sobre la época de Martí. ¿Qué ocurría en Cuba y en el mundo durante este período? Piensa en la pregunta: ¿Para quiénes escribió el poeta?

Antes de leer: una discusión preliminar

Al prepararnos para leer el primer modelo, podemos considerar las siguientes preguntas: ¿Cómo nos definimos en distintas situaciones? ¿Cómo nos identificamos como miembros de varios grupos: de una familia, de una clase, de un grupo con el mismo interés o de una nacionalidad? ¿Nos definimos por la ropa?, ¿por la apariencia?, ¿por la forma de expresarnos? ¿Cómo se diferencian las personas de distintas generaciones?

En la siguiente selección, el escritor cubano Jose Martí (1853–1895) nos ofrece un reflejo del exiliado. El narrador se revela a través del poema, explicando la naturaleza de su carácter, la sinceridad. A través de la lectura, vemos que Martí se describe con palabras expresivas y se compara con lo cotidiano de su vida y de su tiempo.

Martí destaca en su poesía el amor que siente por su tierra natal. En el poema que vamos a leer se palpa su deseo de comunicarle al lector su pasión por su tierra. El poema es bastante largo, así que les ofrecemos un fragmento. Martí titula este poema "Versos sencillos", y utiliza un metro sencillo (el verso octosílabo con rima a-b-a-b en la sección I y a-b-b-a en la sección V).

Práctica preparatoria

1. Piensa en el título "Versos sencillos". ¿Qué significa para ti este título? Nosotros como lectores podemos decidir si de verdad nos parecen sencillos los versos. ¿Qué más puede connotar la palabra "sencillo"?
2. Teniendo en cuenta la idea de sinceridad, ¿qué esperamos encontrar en el poema? ¿A qué tipo de persona vamos a conocer?
3. Lee el poema pensando en nuestra discusión. Escoge y subraya palabras y cláusulas que reflejen el autorretrato del narrador. También señala las secciones del poema que más te llamen la atención.
4. Al estudiar la lectura, también prepara la materia correspondiente a tu papel como miembro de la comunidad de lectores.

Un glosario de las palabras señaladas en negrita se encuentra al final de la lectura.

Versos sencillos (selecciones)

I

Yo soy un hombre sincero
de donde crece la palma;
y antes de morirme quiero
echar mis versos del alma.
Yo vengo de todas partes,
y hacia todas partes voy:
arte soy entre las artes;
en los montes, monte soy.
Yo sé los nombres extraños
de las **yerbas** y las flores,
y de mortales **engaños**,
y de sublimes dolores.
Yo he visto en la noche oscura
llover sobre mi cabeza
los rayos de **lumbre** pura
de la divina belleza.
Alas nacer vi en los hombros
de las mujeres hermosas:
y salir de los **escombros**,
volando las **mariposas**.

V

Si ves un monte de **espumas,**
es mi verso lo que ves:
mi verso es un monte, y es
un **abanico** de plumas.
Mi verso es como un **puñal** ~ dagger
que por el puño echa flor:
mi verso es un **surtidor**
que da un agua de coral.
Mi verso es de un verde claro
y de un carmín encendido:
mi verso es un **ciervo** herido
que busca en el monte **amparo.**
Mi verso al valiente agrada:
mi verso, breve y sincero,
es del vigor del acero
con que se funde la espada.

GLOSARIO

abanico: instrumento plegable para producir aire
amparo: refugio
ciervo: animal rumiante
engaños: decepciones
escombros: lo que queda de un edificio derrumbado
espumas: las burbujas en la superficie del mar
lumbre: luz
mariposas: insecto alado de colores brillantes
puñal: arma en forma de cuchillo
surtidor: chorro vertical
yerbas: plantas o matas

Después de leer

Vamos a continuar con la comunidad de lectores. Recuerda: debes cumplir con la tarea individual (la práctica, la lectura y los ejercicios) y con tu tarea como miembro de la comunidad. Los biógrafos y los historiadores nos han dado información sobre el autor y su época y los moderadores nos han diseñado un plan para nuestra conversación. Ahora, debemos relacionar esta información con el concepto de la identidad y con la figura del poeta.

Interpretaciones y análisis

A. Tarea individual

1. En una o dos frases, escribe las ideas principales del poema.
2. ¿Qué indican estos versos acerca del narrador?

     a. "de donde crece la palma"

     b. "arte soy entre las artes"

     c. "llover sobre mi cabeza"

3. Escribe las palabras o cláusulas que subrayaste al leer. ¿Por qué piensas que estas palabras reflejan mejor la identidad del narrador?

4. Piensa en un adjetivo —que no aparezca en el poema— para describir a Martí. Justifica tu selección escribiendo un par de oraciones.

5. Después de escuchar la presentación de los biógrafos y los historiadores sobre el autor y su contexto histórico, ¿hay algo en el poema que se relacione con lo que aprendiste?

B. Miembros de la comunidad

Los que resumen: Presenten un resumen del poema. ¿Hay distintas ideas en cada estrofa? Comparen los distintos resúmenes: ¿existen semejanzas o no? Pueden apuntar puntos en común en la pizarra. También pueden mencionar ideas únicas que no salieron en el trabajo común.

Los expertos del lenguaje: Presenten las palabras que escogieron con una explicación de por qué son esenciales en el poema. Por ejemplo, ¿revelan estas palabras la identidad del narrador? ¿Ejemplifican la trayectoria mencionada por los historiadores? ¿O comunican una idea principal?

Los biógrafos y *los historiadores*: Estén listos para ampliar sus presentaciones iniciales y contestar preguntas sobre el autor y su época.

Los intérpretes: Expongan las ideas principales del texto. ¿Cuáles son los temas?

C. Discusión adicional

1. ¿Hay diferencias de opinión sobre la identidad del narrador o no? Al compartir oralmente las palabras y cláusulas escogidas para representar al narrador, ¿hay algunas que sobresalen? Al repasar la lista de adjetivos que no están en el poema y que los estudiantes han elegido para describir al autor, ¿cómo se podría definir su identidad en una sola oración?

2. Comparen los análisis de los versos del ejercicio 2, "de donde crece la palma", "arte soy entre las artes" y "llover sobre mi cabeza". ¿Están de acuerdo en el significado? Compartan las interpretaciones sobre el narrador.

3. Repasen los temas expuestos por los intérpretes. ¿Hay algún tema sobresaliente?

4. La poesía con frecuencia evoca reacciones tanto emocionales como racionales que pueden resultar difíciles de entender. Como comunidad, ¿pueden compartir y resumir las reacciones después de leer el poema? ¿Es difícil o fácil? ¿Tiene el poema varios niveles de interpretación?

5. Para concluir con el primer análisis de la primera comunidad, hagan una breve evaluación. Identifiquen los aspectos más útiles del trabajo

que facilitaron el análisis y la discusión. Piensen en uno o dos consejos para mejorar el siguiente análisis como comunidad. Los moderadores deben apuntar y guardar los comentarios para la próxima lectura.

Modelo 2: Julio Cortázar, "Preámbulo a las instrucciones para dar cuerda al reloj"

¡A TRABAJAR, COMUNIDAD DE LECTORES!

Moderadores:
Sigan el mismo plan de la primera lectura para que todos se vayan familiarizando con la comunidad.

Biógrafos:
Van a buscar información sobre la vida de Cortázar (1914-1984), su estilo y sus temas principales. También pueden investigar el papel de Cortázar en el "boom" literario de Latinoamérica.

Historiadores:
Busquen información de cómo era Argentina en aquella época. También sería útil presentar algo de Perón y su influencia en el país en términos no sólo de la vida política sino también de la vida social y cultural, y el papel de los escritores en Argentina.

Antes de leer: una discusión preliminar

Antes de leer la lectura, piensa en los objetos que tengas, como el reloj o el teléfono celular. ¿Cuáles son los objetos que tienen más importancia para ti? ¿Tienes muchos o pocos? ¿Qué representan de tu personalidad? Al comprar un objeto, ¿piensas tanto en sus cualidades artísticas y estéticas como en sus aspectos funcionales?

Práctica preparatoria

1. Piensa en el título. ¿Qué es el acto de "dar cuerda al reloj"? ¿Quién lo hace? ¿Nos da el título alguna clave sobre la perspectiva del narrador?
2. Lee el cuento pensando en estas preguntas y las posibles relaciones entre los objetos y sus "dueños". Escoge y subraya las palabras que más te llamen la atención y que señalen las ideas principales de la lectura.
3. Al leer, también tienes que cumplir con tu papel como miembro de la comunidad de lectores. Toma apuntes como miembro de la comunidad y prepárate para presentar la información.
4. Recuerda que el glosario de las palabras señaladas en negrita se encuentra al final del capítulo.

Preámbulo a las instrucciones
para dar cuerda al reloj

Piensa en esto: cuando te regalan un reloj te regalan un pequeño infierno florido, una cadena de rosas, un **calabozo** de aire. No te dan solamente el reloj, que los cumplas muy felices y esperamos que te dure porque es de buena marca, suizo con **áncora** de rubíes; no te regalan solamente ese **menudo picapedrero** que te atarás a la muñeca y pasearás contigo. Te regalan —no lo saben, lo terrible es que no lo saben—, te regalan un nuevo pedazo frágil y precario de ti mismo, algo que es tuyo pero no es tu cuerpo, que hay que atar a tu cuerpo con su correa como un bracito desesperado colgándose de tu muñeca. Te regalan la necesidad de darle cuerda todos los días, la obligación de darle cuerda para que siga siendo un reloj; te regalan la obsesión de atender a la hora exacta en las **vitrinas** de las joyerías, en el anuncio por la radio, en el servicio telefónico. Te regalan el miedo de perderlo, de que te lo roben, de que se te caiga al suelo y se rompa. Te regalan su marca, y la seguridad de que es una marca mejor que las otras, te regalan la tendencia a comparar tu reloj con los demás relojes. No te regalan un reloj; tú eres el regalado, a ti te ofrecen para el cumpleaños del reloj.

GLOSARIO

áncora: pieza que adorna el reloj; ancla
calabozo: cárcel, prisión
menudo picapedrero: persona (pequeña) que labra piedras
vitrinas: ventanas donde se ve lo que se vende; escaparate

Después de leer

Es el momento de emplear tu lectura y tu trabajo preparatorio para hacer la tarea individual y la que realizas con la comunidad.

Interpretaciones y análisis

A. Tarea individual

1. Escribe las palabras que te llamaron la atención de la lectura. Pensando en el significado de estas palabras, escribe un resumen breve del texto.
2. Comenta el significado del título.
3. ¿De qué manera es la lectura un reflejo del narrador?

B. Miembros de la comunidad

Al igual que en la primera lectura, los moderadores facilitan la conversación y el análisis. Los miembros deben agruparse según su papel: todos los biógrafos, todos los historiadores, todos los que resumen, se reúnen siguiendo el modelo de la lectura anterior.

Los biógrafos e historiadores: Si no han presentado la información sobre el autor y su época, anteriormente, pueden hacerlo ahora.

Los expertos del lenguaje: Comparen sus palabras elegidas y formulen una lista de cuatro a seis palabras esenciales. Presenten las palabras a la clase con una explicación de su relevancia con respecto a las ideas principales. Comparen su lista con las listas hechas individualmente por los demás compañeros.

Los que resumen: Después de comparar los resúmenes individuales, escriban un resumen común y preséntenselo a la comunidad entera.

Los intérpretes: Presenten el tema de la lectura. ¿Hay alguna relación entre el tema y las palabras esenciales?

C. Discusión adicional

Una vez que todos han presentado la información, continuamos la conversación con la comunidad entera.

1. ¿Cómo describen a este narrador? ¿Por qué?
2. ¿Está de acuerdo la comunidad entera con el tema propuesto por los que resumen? ¿Hay alguien que quiera modificarlo?
3. Comparen todas las listas de palabras clave . ¿Qué palabras son más esenciales, según toda la comunidad?
4. En este pasaje, Cortázar presenta varias metáforas para hablar de la relación entre el reloj y la persona que lo recibe. ¿Cuáles son las metáforas presentadas? ¿Qué añaden a nuestra interpretación?
5. ¿Cómo se diferencian las descripciones ofrecidas por Martí y Cortázar?
6. Para concluir con la comunidad, háganle una breve evaluación: mencionen algo útil del trabajo de la comunidad que les haya ayudado a entender y a analizar esta lectura; mencionen también algún consejo para la próxima actividad con la comunidad.

PASO 2   ESCRIBIR POR MODELOS

La descripción: Escribir un autorretrato

La descripción consiste en describir algo o a alguien con un propósito específico. Exploremos un poco qué significa "describir". ¿Existen palabras alternativas que podemos usar como sinónimos? ¿Qué tal "dibujar", "pintar", "retratar" y "crear"? Está bien. Describir consiste en crear una impresión, digamos fotográfica, para el lector.

A la hora de hacer una descripción, tenemos que decidir cómo queremos presentar a la persona o cosa. En el caso de un autorretrato, tenemos que escoger lo que deseamos presentar de nosotros mismos. Puede ser una descripción física, objetiva y concisa o una descripción más profunda, amplia o exagerada, o escoger una característica o cierto interés que señale cómo somos. Martí ha creado un poema en el que se compara con otros objetos; así se presenta a sí mismo. En cambio, Cortázar nos ha presentado la relación entre un objeto "útil" y la persona que lo lleva; la implicación es que el objeto nos revela a su dueño.

Estrategias del proceso: El jardín de las ideas

Muchos estudiantes se quejan de que el problema más grave que tienen es empezar la composición. No tienen ideas muy claras y, por eso, escriben sin estar seguros de lo que escriben. En esta sección, practicaremos una manera de iniciar una composición: la escritura libre con reloj. Este tipo de escritura es un ejercicio de pre-composición, una actividad para ayudarnos a especificar el tema. No es la composición en sí, sino un borrador provisional de la misma.

La escritura libre con reloj consiste en ponerse a escribir por un tiempo limitado. Lo mejor es empezar con un límite de tiempo, como cinco o diez minutos. El propósito es escribir cualquier idea que te venga a la mente, sin dejar de escribir, sin redactar, sin preocuparte por tener ideas claras o por el uso de una gramática correcta. No importa si te sales del tema original. Recuerda, ¡es sólo un borrador!

Práctica

Paso 1: Siéntate. Piensa en el siguiente tema: un autorretrato de ti mismo. Comienza a escribir acerca de la idea que primero te venga a la mente y escribe durante cinco minutos sin parar. Escribe cada idea. No pares de escribir.

Paso 2: Después de cinco minutos, deja de escribir.

Paso 3: Vuelve a leer lo que escribiste.

Paso 4: Escoge las mejores oraciones y márcalas con un círculo. Si no te gusta ninguna oración de las que escribiste, vuelve a empezar por el paso 1.

Paso 5: Ahora, con las oraciones seleccionadas, escribe el borrador de tu composición.

Debes incorporar esta estrategia cuando no sabes por dónde empezar, y cada vez que no estés seguro de cómo continuar una composición. También es muy útil distinguir entre las oraciones principales y las oraciones secundarias.

Estrategias para escribir: Los adjetivos y la descripción detallada

El uso de adjetivos es uno de los componentes fundamentales para describir bien. Sabemos que los adjetivos sirven para modificar los sustantivos: hay adjetivos que resaltan los aspectos físicos, emocionales o intelectuales de un individuo u objeto. Al crear una descripción, debes tener presente la necesidad de escoger los adjetivos más representativos del objeto o de la persona. Estudiemos maneras de ampliar nuestra lista de posibles adjetivos:

Los sentidos. Una técnica útil para crear una descripción completa es pensar en los cinco sentidos: la vista, el oído, el gusto, el olfato y el tacto. Así, si quisieras describir el coche que te gusta, incluirías detalles específicos. ¿Cómo suena el motor del coche que quieres comprar? ¿Qué sientes si pasas la mano por la tela del asiento? Los anuncios de coches en la televisión evocan los sentidos ayudando a crear sensaciones de libertad y de velocidad.

Los sinónimos. A veces nos limitamos a usar las mismas palabras una y otra vez. Otra técnica para añadir nuestro sello personal en una descripción y destacarnos de los demás es evitar las palabras comunes y corrientes y elegir un sinónimo más acertado.

Práctica

1. Las listas: buscar palabras nuevas.
    a. Haz una lista de diez adjetivos que usas para describirte. Puedes incluir aspectos físicos, intelectuales y emocionales.
    b. Crea una lista de palabras que otros —tus padres, hermanos, amigos y profesores— usarían para describirte.
    c. Piensa en palabras que no te describen, pero que quizás esperas que te describan dentro de unos años. Puedes incluir metas personales también. Haz una lista con ellas.
    d. Compara tu lista con la de un compañero. ¿Hay nuevas palabras? Selecciona las palabras que más te gusten y memorízalas.
2. Ya estás cansado de usar siempre las mismas palabras. Las palabras siguientes son muy comunes. Intenta encontrar dos sinónimos más originales.

    modelo: inteligente: listo, sabio, cerebral, sabelotodo

    a. simpático
    b. antipático
    c. alto

d. generoso

e. viejo

f. responsable

g. perezoso

h. delgado

i. joven

j. tonto

PASO 3   CREAR NUESTRO MODELO

Al crear nuestros propios modelos de escritura, debemos tener presentes todas las ideas que hemos estudiado. Usaremos una lista de verificación para asegurarnos de que incorporamos dichas estrategias a los ensayos. También debemos utilizar la estrategia del "jardín de las ideas" y la escritura libre con tiempo delimitado.

1. Escribe un autorretrato en forma poética o narrativa.
2. Escribe sobre un objeto representativo de tu vida, usando un enfoque preciso y exponiendo claramente tu relación con ese objeto.

Estrategias para editar: Crear la clave editorial

Escribir un ensayo no es sólo sentarse a escribir en un momento dado, sino que es un proceso largo consistente en buscar ideas, organizarlas, exponerlas, para luego volver a pensarlas y revisarlas. Para la mayoría de los escritores, escribir es redactar. Escribir es cambiar de mentalidad al igual que cuando nos vestimos cada mañana: nos ponemos y nos quitamos varias veces distintas prendas hasta captar el "yo" que queremos presentar al mundo ese día en particular. Escribir es quitar o añadir ideas y revisar el tono hasta que tengamos justo el ensayo que revele nuestras ideas y actitud sobre tema.

¿Cómo sabemos si un ensayo es "bueno" o si necesita revisiones? Es muy difícil saber redactar porque hay muchos aspectos en los que debemos enfocarnos. Es posible que tanto el escritor como el instructor tengan ideas diferentes de lo que importa más en la escritura. Sin embargo, es importante saber redactar bien para mejorar tu escritura y para ayudar a los otros escritores de la clase. En este capítulo, vamos a diseñar una clave editorial que puedes utilizar todo el semestre para tu clase. En el Manual se enseñan unos modelos para iniciar el proceso. Asímismo se apuntan unas ideas para diseñar una clave editorial particular para tu clase. También se ofrece como referencia en el Manual una guía de los distintos niveles de competencia en la escritura, que ha sido desarrollada por la *American Council on the Teaching of Foreign Languages* (ACTFL).

CLAVES DE LA COMPOSICIÓN: LA IMPORTANCIA DEL TÍTULO

Todo autor sabe que entre las palabras más importantes de una composición están las del título. Sin embargo, los estudiantes normalmente no piensan mucho en éste. Después de terminar un ensayo, ¿quién tiene ganas de pensar en un título creativo? Sin embargo, éste es un trabajo esencial.

El título no sólo sirve para explicar el contenido del texto, sino también para atraer la atención del lector. El título en sí puede crear la relación entre el autor y su público, sugiriendo un tono informal o formal, humorístico o serio.

¿Cuáles son las normas para crear un título? Primero, no es apropiado dejar el ensayo sin ningún título. Segundo, no debes pensar que la tarea misma sirve de título, ya que debes intentar que tu texto se destaque entre todos los demás ensayos. ¡*Tu* título debe ser único! Tercero, el título debe representar tus ideas principales. Cuarto, el título debe contener cierta chispa, algo representativo del tono que quieres expresar. Es ésta la que sirve para despertar el interés de los lectores.

Redactar nuestro modelo y la lista de verificación

Ahora te toca repasar tu propia obra. Teniendo en cuenta todo lo estudiado en este capítulo, vuelve a leer tu ensayo. Utilizando lo estudiado en el Manual, ponte el sombrero de redactor, con la clave editorial como ayuda, y asegúrate de las decisiones que has tomado en este primer ensayo. Antes de entregar el ensayo, repasa la lista de verificación que presentamos a continuación.

¡OJO! Lista de verificación:

1. ____He creado un título apropiado.
2. ____Me he enfocado bien en el tema presentado, escogiendo ideas de apoyo.
3. ____He incorporado adjetivos y verbos apropiados.
4. ____Pensando en la clave editorial, he prestado atención a los aspectos de la organización y la gramática.

2

Escritor fotógrafo

Al pensar en el título "Escritor fotógrafo", ¿qué opinas de la comparación? ¿Te has fijado que escribir es como sacar fotos? ¿En qué sentido se parecen los fotógrafos a los escritores? Es cierto, los escritores, como los fotógrafos, tienen que tomar ciertas decisiones. Por ejemplo, deben decidir en qué concentrarse y qué materia debe sobresalir u "ocultarse".

En este capítulo, seguimos con el estudio de la descripción basándonos en maneras de captar imágenes de otras personas. Incorporamos todo lo que estudiamos en el capítulo anterior, pero nos enfocamos en otros aspectos de la descripción y los métodos de enfoque y comparación.

PASO 1   LEER POR MODELOS

Vamos a leer un cuento muy descriptivo, "Mi tío Cirilo", de Sabine Ulibarrí. El escritor ofrece imágenes animadas y escribe con un estilo muy vivo. Antes de la lectura, estudiaremos los elementos críticos de un cuento. Estos elementos nos ayudarán tanto en la lectura crítica como en la escritura descriptiva.

Estrategias de lectura: Los géneros y otros elementos fundamentales de una lectura

Para analizar una lectura, el primer paso es identificar sus elementos fundamentales. Hay siete elementos importantes a destacar:

1. *El género del texto:* ¿Qué tipo de texto es? ¿Cuento o ensayo? ¿Ficción o reportaje? ¿Cuento histórico o novela romántica? Algunos géneros son: la poesía, el cuento, la novela, el ensayo y el teatro.

2. *El ambiente:* ¿Dónde tiene lugar? ¿Cuándo? Muchas veces hay más de un tiempo y un lugar. Puede haber un tiempo general, como el siglo XX, o varios tiempos dentro del texto: el verano, la noche o el martes por la mañana, por ejemplo.

3. *Los personajes:* ¿Quiénes son los personajes principales? Debemos preparar un bosquejo breve de cada personaje principal, en términos de sexo, edad, aspecto físico y emocional.

4. *El argumento/la trama:* ¿Cuál es la historia básica? ¿De qué trata? ¿Qué pasa?

5. *El tema:* ¿Cuál es el tema presentado o la idea principal? ¿Hay un propósito explícito del autor?

6. *El punto de vista:* ¿Quién nos narra la lectura? ¿Qué propósito tiene el narrador? Recuerda que hablamos del narrador y no del autor. El punto de vista representa la perspectiva desde la cual se presenta el texto. Existen tres opciones: primera persona (yo y nosotros); segunda persona (tú, usted y ustedes/vosotros); y tercera persona (él, ella, ellos, ellas). Identificar el punto de vista nos ayuda a entender mejor los propósitos del autor. El punto de vista también afecta al tono del texto. Como lectores y escritores, debemos pensar en el tono que sirve mejor a nuestro propósito. Si queremos un ensayo personal, típicamente nos expresamos en primera persona. Para presentar cierta distancia, optamos por usar la tercera persona; para hablar directamente a alguien utilizamos la segunda persona.

7. *El lenguaje:* ¿Qué tipo de lenguaje es: formal, informal, descriptivo, poético, técnico? ¿Qué registro utilizan los personajes?

Estos siete elementos, junto con el contexto histórico en el cual fue escrito el texto, forman la base de la obra. Cuando lees un texto, debes buscar las respuestas a cada elemento. Un análisis de estos elementos te ayudará a comprender la lectura.

Modelo: Sabine Ulibarrí, "Mi tío Cirilo"

¡A TRABAJAR, COMUNIDAD DE LECTORES!

Moderadores:

Trabajen con el instructor/la instructora para organizar 1) los miembros de la comunidad y 2) el plan del análisis de la lectura. Cada estudiante debe asumir su papel. Puede ser el mismo que en el primer capítulo o uno nuevo.

Plan sugerido para esta lectura:

La clase formará grupos de seis personas, cada uno con un moderador, un biógrafo, un historiador, un experto del lenguaje, el que resume y un intérprete. Cada grupo debe recopilar la información primero para después presentarla a toda la clase. Después habrá una discusión colectiva basada en la información presentada.

Biógrafos:

Busquen información sobre Ulibarrí, su vida, su estilo y sus temas más frecuentes.

Historiadores:

Ulibarrí nació en el suroeste de los Estados Unidos. Busquen información sobre esta región de los Estados Unidos en los dos últimos siglos: ¿Cómo era la vida de los hispanos a principios del siglo XIX en esta región? ¿Cómo es hoy en día? ¿Qué es "la tierra amarilla"?

Antes de leer: una discusión preliminar

Sabine Ulibarrí (1919–2003) es un escritor estadounidense contemporáneo, profesor jubilado de español del departamento de idiomas de la Universidad de Nuevo México. Ulibarrí recuerda en sus cuentos de "La tierra amarilla" su juventud en el suroeste de los Estados Unidos. Sus obras, tanto en prosa como en poesía, se inscriben dentro de la tradición oral de esta zona y señalan la cultura y las tradiciones del suroeste.

En el cuento "Mi tío Cirilo", perteneciente a la colección *Mi abuela fumaba puros*, el narrador nos habla desde la perspectiva de un niño, contándonos los recuerdos filtrados a través de la memoria infantil. Claro que no es el niño el que relata el cuento, de modo que el narrador muestra cierta tensión entre el tiempo y la memoria. En nuestro cuento, la apasionante admiración que siente el niño por su tío, junto con algunas notas humorísticas, ayuda a definir el carácter del tío.

Práctica preparatoria

1. Piensa en el título "Mi tío Cirilo". ¿Qué nos indica con respecto al punto de vista del personaje?
2. Vamos a leer una narración descriptiva del tío. Al leer, escoge y subraya palabras y cláusulas que ilustren el carácter de este personaje;

presta atención tanto a las características físicas como a las emocionales. También, busca en el texto información sobre el propio narrador. Después analiza la relación que existe entre ambos.

3. Al leer, intenta destacar los elementos fundamentales de una lectura.
4. Al estudiar la lectura, también prepara el material correspondiente a tu papel como miembro de la comunidad de lectores.

Mi tío Cirilo

Era grande, era fuerte, era gordo. Su bigote negro y denso era desafío y amenaza. Escondía una boca que nunca sonreía y unos dientes que yo me imaginaba eran feroces. Su pipa curva, ya en la mano ya en la boca, era arma que no hacía falta disparar. Ceñudo. **Sombrío.** Cuando iba por la calle, todos los cristianos del valle le saludaban con mucho respeto y un tanto de **recelo.** Casi nunca hablaba, y cuando hablaba, **tronaba.**

Era mi tío Cirilo, alguacil mayor del Condado de Río Arriba. Tío político. Mi tía Natividad era mi tía abuela. Crecidos ya sus hijos e idos, pasaba mucho tiempo sola. Yo solía ir a visitarla. Siempre me regalaba los mejores pastelitos y biscochitos y su melcocha era cosa de las diosas.

A mi tío yo le tenía más respeto que nadie, más que respeto era miedo. No sé si sabía mi nombre. Cuando alguna vez nos topábamos por la calle, en misa o me sorprendía en su casa, me tronaba, "¡Hola, muchacho!". Yo le contestaba tembloroso y sumiso, "Buenos días, tío", y buscaba ansioso la manera de escaparme.

No que fuera malo conmigo. Siempre me daba un cinco. Es que aquella **facha** suya era para asustar a todo pecador y malhechor. Y como yo siempre tenía algo que esconder, siempre tenía la sensación de que él, de manera misteriosa lo iba a saber y me iba a **fulminar.**

Era imponente el tío. Era de verlo zarandearse por la calle. Un pistolón de un lado. Una daga en el otro. La cartuchera **ceñida** debajo de la barriga. Una **cuarta** en la mano con la que de vez en vez **se azotaba** la pierna derecha. Caminaba como si tuviera prisa de no llegar a ninguna parte.

Cuando entraba en la cantina o en la peluquería, la **algazara** se apaciguaba, la conversación se tornaba respetable y tranquila. Nadie se equivocaba. Su presencia era la presencia de la ley. Una ley grande, fuerte y gorda, con un bigote negro y denso que escondía una boca que no sonreía.

Repito, no es que fuera malo, no tenía que serlo. Metía miedo y eso es todo. Así lo hizo todo sin tener que hacer nada.

Claro que tenía fama, y esa fama era su **escudo de armas.** Cuentan que una vez se le escapó un prisionero de la cárcel. El alguacil lo siguió y lo alcanzó en Ensenada.

Era Semana Santa y había una multitud ese Jueves Santo cuidando el desfile de los Penitentes **azotándose.** Entre la gente estaba el malvado muy ufano contemplando aquel feroz servicio religioso, y seguramente sintiéndose cerca de Dios. Cuan cerca no sabía. Surgió la ley con su bigote denso y negro como una tormenta amenazadora, y tronó: "¡Majadero, sinvergüenza, infame!" y otras cosas no muy apropiadas al día santo y al sentimiento religioso.

Era como si un **ventarrón** furioso hubiera soplado a través de la ladera, limpiando el mundo de gente y acabando con los penitentes. De pronto el pobre **reo** se quedó solo y mondo, clavado como una cruz en su propio Monte Calvario.

El polizonte, bravo como la nube más negra, disparando violentos truenos, lanzó el lazo como un rayo. Lazó al fugitivo como a una res. Y después se lo echó por delante con la **soga** al cuello como cualquier animal. Desaparecieron.

Pasó la tormenta. Se serenó el mundo. Apareció el gentío desaparecido. La gente callada empezó a hablar y a comentar. De pronto se oyeron dos tiros.

Después se supo. Después se dijo. Don Cirilo había muerto a Crescencio. Algunos decían que Crescencio andaba armado y que le había disparado a don Cirilo y que eso explicaba los dos tiros. Otros decían que el difunto no andaba armado. El difunto, claro, no dijo nada.

En el informe oficial se anotó que en efecto el reo de muerte le había disparado al oficial. Nadie lo contestó. Nadie quiso ver la segunda pistola.

Teníamos en el colegio una monja que nos hacía la vida imposible. No he conocido en mi vida una mujer más mala que esta bendita vieja. De seguro debe haber explicaciones sicológicas y biológicas que aclaren su constante furia y rabia, pero no me importa especular sobre eso ahora.

Tenía una **varilla,** seca y fuerte, con la que nos demostraba que este mundo es un valle de lágrimas. Nos hacía extender las dos manos abiertas, primero palmas arriba, luego palmas abajo, y nos fajaba por ambos lados. El ardor y la **hinchazón** que nos duraba días eran motivo para que siempre pensáramos en ella. Ni cómo ir a quejarnos a casa. Sabíamos que nos iría peor. Como es de esperar, nosotros buscábamos la manera de vengarnos. Era guerra abierta. Nosotros también le dimos motivo para que se acordara de nosotros con frecuencia.

Le poníamos culebras, ratas, gatos muertos en las **gavetas** de su escritorio. Metíamos cabras en la sala de clase, esto acompañado por el gran **barullo** de sacar a los animales. Encerábamos el piso, produciendo la danza más grotesca y macabra que se puede imaginar con los gemidos, lamentos y descalabros fingidos de esperar. Una vez cargamos con una tremenda piedra de carbón que se había caído de un camión y la pusimos en su mesa. Cuando entró ella alzó el grito al cielo, como sabíamos que lo haría. Varios de nosotros nos ofrecimos a sacar la piedra como buenos muchachos que éramos. Pero la maldita piedra se nos caía y **se desmoronaba** un poco. La volvíamos a recoger. Se nos volvía a caer. Luchando heroicamente, acabamos la **faena.** Es decir acabamos con la piedra. Ahora había mil pedazos de carbón donde antes había sólo uno.

Durante y después de estos episodios se enfurecía. Se ponía colorada. Bufaba. Gritaba. Lloraba. Se desmayaba. Salía despavorida. Si no con maldiciones, con palpitaciones sí. Nosotros muertos de la risa.

Venía la directora. Nos sermoneaba. Nos interrogaba. Nadie sabía nada. Nadie tenía la culpa. Jamás he visto tal lealtad. Nunca nadie nos echó por la cabeza. Las muchachas eran nuestras más devotas aliadas y cómplices. Después nos castigaba a todos, pero lo sabroso de la venganza le quitaba las espinas al castigo. Una vez vino el presidente del cuerpo de educación. Sermón. Interrogación. Nada.

Pero esta vez fue el colmo. Esta vez ya no tuvo remedio. A uno de los muchachos se le ocurrió una diablura que era todo dulzura. Era serruchar en parte una pata de su silla y esperar a ver qué pasaba.

Entró ella endemoniada como siempre. Nosotros todos a la expectativa. Nerviosos. El placer y el miedo eran uno. Esto iba a ser lindo.

Como de costumbre, se dejó caer sobre la silla. Era gorda y cayó fuerte. ¡La silla se **aplastó!** ¡Espectáculo! Monja patas arriba. Calzones nunca vistos. Se le cayó la **capucha** y nos reveló el secreto de si son pelonas las monjas o no. Se desmayó. Alguien fue por la directora. Nosotros asustados de veras esta vez.

Esta vez mandaron a llamar al alguacil mayor. Entró. Se plantó ante nosotros. Nos miró. Se **azotó** la pierna derecha con la **cuarta**. Eso fue todo. De una manera misteriosa descendió sobre nosotros un espíritu de expiación y de reformación. Creo que nos entró el amor de Dios. Nunca ha habido en la historia de la jurisprudencia o de la salvación unos penitentes tan penitentes como nosotros.

Había entre nosotros un chico que le llamábamos "El Sudón". Porque sudaba mucho, por eso. Cada vez que se complicaban las cosas a él le salía el sudor a chorros. Cada poro un **chorro.** Esta vez estaba bañado. No me habría sorprendido ver un **charco** a sus pies. De modo que de pronto llamó la atención del inquisidor.

Don Cirilo le clavó la mirada.

— ¿Cómo te llamas tú?
— Su…Su…Sudón, señor.
— ¿Cómo?
— ¡Artu…Artu…Arturo Peña, señor!
— Y el Sudón confesó y no negó. Confesamos todos. Todos los varones de la clase.
— Tú, ¿cómo te llamas?
— Fermín Manzanares, señor.
— ¿Y tú?
— Abel Sánchez.

Así siguió. Tomó nota. Nos castigó. Tuvimos que ir a la iglesia siete días y rezar siete rosarios.

Volvimos a la escuela. Monja nueva. Terminó la guerra. Nada más que paz y orden público.

Estos eran regalos que los dioses le daban a Don Cirilo. Allá donde esté nuestra monja, tendrá que acordarse de nosotros como nosotros nos acordamos de ella.

Don Cirilo se llamaba, y si no se hubiera muerto todavía se llamaría.

GLOSARIO

algazara: ruido fuerte

aplastar: prensar; comprimir

azotarse: darse golpes

barriga: estómago

barullo: confusión

capucha: algo con que se cubre la cabeza

ceñida: ajustada alrededor del cuerpo

charco: depósito pequeño de agua

chorro: líquido que sale con fuerza

cuarta: látigo

desmoronarse: caerse

escudo de armas: (figurado) protección

facha: aspecto

faena: trabajo

fulminar: destruir

gavetas: parte del escritorio en donde se meten artículos

hinchazón: inflamación del cuerpo

recelo: mirar con un poco de miedo

reo: prisionero

soga: cuerda gruesa

sombrío: de la sombra, un poco melancólico

tronaba: sonido del trueno en una tormenta

ufano: orgulloso

varilla: palo estrecho y largo

ventarrón: viento fuerte

Después de leer

Igual que hicimos en el primer capítulo, realizamos la tarea individual y el trabajo como miembros de la comunidad de lectores, en preparación para la conversación de la clase entera. Los biógrafos y los historiadores nos han presentado la información sobre el autor, los temas comunes en su escritura y la época.

Interpretaciones y análisis

A. Tarea individual

1. Escribe los elementos básicos de la lectura, contestando las preguntas correspondientes a cada elemento.
2. Escribe un resumen del cuento en tres o cuatro oraciones.
3. Escribe las palabras o cláusulas que subrayaste al leer que ofrecen información sobre la personalidad del tío Cirilo. ¿Por qué te parecen clave?

4. ¿Hay otras palabras o cláusulas que subrayaste que ofrecen información sobre el narrador? ¿Cómo defines al narrador? ¿Cuál es la actitud del narrador hacia su tío?

5. Después de escuchar la presentación de los biógrafos y los historiadores, ¿hay algo en el cuento que represente al autor o su época?

B. Miembros de la comunidad

Seguimos el modelo de la comunidad de lectores presentado en el primer capítulo, con el moderador, el que resume, el experto del lenguaje y el intérprete.

C. Discusión adicional

El análisis de la lectura será dirigido por el moderador.

1. Cada grupo ahora debe presentar su información a la clase, empezando con su versión del resumen y los temas. ¿Se ha puesto de acuerdo toda la clase?

2. Comparen algunas palabras clave de los grupos. ¿Qué impresiones dan sobre el texto?

3. ¿Cómo es el personaje principal? ¿Están de acuerdo en quién es el personaje principal? ¿Es el sobrino o el tío?

PASO 2   ESCRIBIR POR MODELOS

La descripción de otro: Escritor fotógrafo

En el primer capítulo, exploramos maneras de realizar una autodescripción. En este capítulo, ampliamos el mundo de la descripción: ahora estudiamos los métodos y las técnicas de describir a otras personas u objetos. Como ya hemos dicho, describir es parecido a sacar fotos puesto que intentamos matizar la descripción y evocar los sentimientos particulares de un individuo en un momento dado.

Para escribir descripciones vivas vamos a concentrarnos en cómo ser escritores selectivos, usando palabras precisas para transmitir un significado particular. Estudiamos al escritor en su papel de fotógrafo. ¿Cuáles son los rasgos del fotógrafo que quiere copiar el escritor? Cuando tenemos mucho material escrito, buscamos métodos de enfatizar ciertos aspectos usando un lenguaje detallado, único y vivo.

Estrategias del proceso: El uso del filtro para concretar las ideas

En el Capítulo 1 aprendimos la estrategia de la escritura libre con reloj. En este capítulo, estudiaremos otra técnica al empezar un ensayo. Esta estrategia, "el filtro", es una continuación de la escritura libre pero con más detalles. Cuando escribimos, a veces hay ideas que no pertenecen al tema y es difícil saber por dónde empezar. La técnica del filtro sirve para precisar las ideas sobre el tema. Pon en práctica el siguiente modelo:

Paso 1: Escribe continuamente durante un tiempo limitado, de siete a diez minutos.

Paso 2: Vuelve a leer lo que escribiste y señala sólo una idea que te guste.

Paso 3: Escribe esta idea en otra hoja, omitiendo las demás.

Paso 4: Usa esta idea como oración principal y nuevo tema y repite el paso 1.

Paso 5: Repite los pasos 2, 3 y 4 una vez más.

Al final, habrás pasado tres veces por este proceso y terminarás con una descripción más precisa. Cada vez la escritura debe ser un poco más específica. Este proceso lo utilizas si necesitas un estímulo creador. Puedes llevar a cabo esta actividad para crear nuevas ideas y dejar a un lado las ideas que no parezcan relevantes.

Práctica

1. Practiquemos la técnica del filtro describiendo a otra persona. Puedes presentar información física, personal o biográfica de la persona o puedes explicar qué tienen en común dos personas. Tienes que decidir cuál de estas opciones vas a elegir:

   a. Para determinar el enfoque, completa los Pasos 1 y 2.

   b. Usando la idea señalada en el Paso 2, completa los Pasos 3, 4 y 5.

2. ¿En qué aspecto te has enfocado: el físico, el personal o el biográfico?

Estrategias para escribir: La representación y los métodos de comparación

La representación. Una manera de describir es mediante la representación. En la lectura de Cortázar en el primer capítulo, se usó sólo un objeto para representar el tema. ¿Cuáles son los símbolos que reflejan el carácter del tío Cirilo? En vez de describir a una persona con una lista de rasgos, puede resultar útil describir a la persona con un aspecto característico de ella, algo que simbolice la vida de la persona. Por ejemplo, a menudo vemos representados a los futbolistas con la pelota o a un bombero con su casco. Piensa en algunas personas en tu vida. ¿Hay algo sobresaliente en ellas? ¿Existe un objeto (como un reloj o una prenda) o un rasgo particular con el que se asocia a esta persona?

La comparación. El uso de las comparaciones puede servir para resaltar un tema, darle un tono más vivo o proporcionar más claridad al texto. Es útil explorar su uso como técnica eficaz en la composición. En una comparación, usamos dos objetos y hablamos de las diferencias entre ellos. Una persona puede ser más alta que otra o menos simpática que las demás.

El símil y *la metáfora*. El símil y la metáfora son dos técnicas de comparación. El símil se refiere a una comparación explícita de dos términos, unidos generalmente por palabras de nexo como "igual que" o "como". Como vimos en "Versos sencillos" de Martí, Martí se describe como el arte y como el monte, y dice que su verso es "como un puñal". Veamos más ejemplos:

Soy como el océano que nunca queda igual.

Corro como un conejo.

Eres tan lento como una tortuga.

Ella canta como pájaro.

La metáfora es el uso de un objeto para representar otro, sin tener que añadir la palabra de nexo. Sirve para presentar una imagen instantánea sin tener que usar muchas palabras. Martí también utiliza la metáfora, como vemos cuando compara su verso con "el ciervo herido". Notemos estos ejemplos:

¿Eres una mariposa? Bailas con mucha agilidad.

Mi coche es un cohete en la carretera.

Práctica

1. Haz el papel de escritor de anuncios clasificados. En este ejercicio, en vez de buscar palabras que evocan los sentidos como hicimos en el primer capítulo, busca imágenes que reflejen el objeto deseado.

   modelo: coche: un jaguar, un limón

   a. television

   b. reloj

   c. coche

   d. tu equipo deportivo favorito

   e. traje

2. ¿Cómo nos definen ciertos accesorios? Indica quién se define con cada uno de estos objetos. Identifica cómo el objeto puede representar una característica de la persona y ofrece una descripción de la misma.

   a. un reloj

   b. un ipod

   c. un piano

   d. un monopatín

   e. un libro

   f. un mando de la television

3. Lleva a la clase algunas fotografías personales o sacadas de revistas. En grupos de tres, describe cada foto con muchos detalles, usando adjetivos y comparaciones. Descríbeles esa foto a tus dos compañeros. ¿Qué representa? ¿Qué ocurre en la foto? ¿Dónde ocurre? ¿Cuándo? ¿Por qué la escogiste?

   a. Intercambia fotos con otros estudiantes. Escribe un párrafo descriptivo de la foto de tu compañero. Adivina qué ocurrió en la foto y crea un párrafo vivo.

   b. En casa, escoge una foto tuya y escribe algunas oraciones que capten su esencia. Comparte las oraciones con la clase.

4. Ampliando el vocabulario de nuevo. ¿Recuerdas el uso de sinónimos en el primer capítulo? Además de usar sinónimos para aumentar el vocabulario, podemos utilizar los símiles para describir de forma más precisa e introducir una mayor variedad de palabras. Crea un símil para cada adjetivo.

   modelo: inteligente: inteligente como un búho, inteligente como un zorro

   a. simpático

   b. antipático

   c. alto

   d. generoso

   e. viejo

PASO 3   CREAR NUESTRO MODELO

Pensando en una persona conocida, escribe un ensayo de 3 a 5 párrafos de largo para describirla. Escoge una característica representativa de la persona para la composición, bien sea un rasgo de la persona, una particularidad de su rutina o su pasatiempo preferido. No es importante incluir toda la información que se tiene sobre la persona, sino escribir una composición coherente y que se ajuste al tema.

Estrategias para editar: Identificar la tesis y asegurarse de la coherencia de ideas

Como redactores, buscamos una coherencia a lo largo del ensayo. Solemos preguntarnos: ¿Tienen sentido todas las ideas? ¿Existen ideas difíciles de entender? ¿Se entiende bien lo que está tratando de comunicar el autor? Por esto, dos pasos iniciales de la redacción son identificar la tesis y asegurarse de la coherencia de las ideas. En el Manual se ofrecen unas estrategias para realizar estos dos importantes pasos iniciales de la redacción, con ejercicios prácticos a través de los modelos estudiantiles.

CLAVES DE LA COMPOSICIÓN: LA PRIMERA ORACIÓN

En el Capítulo 1 hablamos de la importancia del título. Ahora pasamos a la primera oración. Normalmente, ¿cómo empiezas un ensayo? La primera frase se usa para llamar la atención del lector y presentar el tema del ensayo. Queremos invitar al lector a leer nuestro escrito y el primer enunciado sirve para abrirle la puerta.

Repasemos unos consejos sobre la primera frase. Primero, no tiene que ser una declaración. A veces los autores optan por interpelar al lector con una pregunta o por expresar una reacción al texto. Segundo, la primera oración suele variar según la información que presenta. En unos escritos, la primera frase comunica la idea principal del ensayo. Recuerda que la primera oración debe ser creativa para atraer nuestra atención e invitarnos a seguir leyendo.

Práctica

1. Vuelve a leer las primeras oraciones de los cuentos de este capítulo y del primero. ¿De qué tipo son?
2. Piensa en la manera de empezar un ensayo. Vuelve sobre el ensayo y trata de crear una primera frase distinta a las que habías escrito antes.
3. Escribe un ensayo sobre una persona importante en tu vida. Practica la escritura de la primera oración. Concéntrate en subrayar un aspecto sobresaliente que identifique a la persona elegida.

Redactar nuestro modelo y la lista de verificación

En estos dos capítulos, hemos estudiado varias maneras de formular descripciones más vivas. Igual que el fotógrafo, tenemos que sacar muchas fotos y tratar varias técnicas hasta llegar a la perspectiva deseada. Teniendo en cuenta todo lo estudiado sobre la descripción y la redacción en el texto y el manual en estos dos primeros capítulos, vuelve a leer tu escrito. Con el sombrero de redactor asegúrate de las decisiones que has tomado como escritor fotógrafo. Antes de entregar el ensayo, repasa la lista de verificación.

¡OJO! Lista de verificación:

1. ____He hecho una escritura libre y varios borradores.
2. ____He creado un título y una primera oración apropiados.
3. ____Las ideas desarrolladas se adecúan al propósito y son coherentes; he omitido ideas que no son tan relevantes.
4. ____Los adjetivos y las comparaciones incluidos son sugerentes y apropiados.
5. ____Pensando en la clave editorial, he prestado atención a los aspectos de la organización, el estilo y la gramática.

3

Escritor reportero

En los primeros dos capítulos exploramos estrategias para describir un objeto o a una persona. Ahora consideramos un nuevo modelo, el de la escritura narrativa. Aunque todavía utilizamos la escritura descriptiva, la narración se diferencia de la descripción porque contesta a las preguntas "¿qué ocurre?" o "¿qué ocurrió?" al mismo tiempo que responde a la pregunta "¿cómo es?", propia de la descripción.

El primer modelo que nos sirve para explorar la narrativa es el del reportero, pero con un enfoque distinto. ¿Cómo es el papel del reportero? Toma apuntes y cuenta los detalles de un suceso. Piensa en el periódico y en los artículos informativos: ¿Cuáles son las características de un artículo? La primera página de un periódico recoge información de los sucesos recientes, ¿verdad? El reportero tiene un objetivo: llegar al fondo del asunto, captar los hechos y contárselos al público.

Ser escritor reportero es el primer paso para acercarse a la narrativa. Queremos observar y averiguar todos los hechos y contarlos. En este capítulo nos enfocamos en este modelo del reportero mientras investigamos maneras de contar o "narrar" un suceso.

PASO 1   LEER POR MODELOS

Estrategias de lectura: Métodos de leer y desarrollar un resumen crítico

Para asegurarte de haber comprendido bien la lectura, puedes hacer esta prueba: ¿Podrías ofrecerle a otra persona que no conozca la lectura un resumen oral? Muchas veces se entiende el resumen sólo como la comprensión de la idea general del texto, pero a este nivel de estudio se espera algo más. En el capítulo anterior, estudiamos los elementos fundamentales de una lectura; ahora nos enfocamos en los métodos de lectura y en desarrollar un resumen crítico.

El método que vamos a explorar para leer el siguiente texto consiste en dividir la lectura en varias categorías. Cada una sugiere una manera de acercarse a la lectura. También puedes usar información que quizás ya tengas.

Antes de leer:

a. *El autor y el contexto*. Antes de leer cualquier lectura, fíjate en la información sobre el autor que acompaña a la lectura o busca la información si no está incluída. ¿Es hombre o mujer? ¿Cuáles son los temas más comunes en sus escritos? ¿De dónde viene? ¿Dónde y cuándo escribió el texto? ¿Conoces algo sobre la época en que lo escribió?

b. *Claves iniciales*. A veces hay dibujos, fotos o cuadros sinópticos que acompañan a la lectura y que ofrecen una idea del género o del contenido.

c. *El título*. Piensa en el título. ¿Te sugiere algo?

Al leer:

a. *El primer párrafo*. Lee el primer párrafo del texto o la primera estrofa si se trata de un poema. ¿Te sugiere este párrafo algunas ideas sobre la lectura? ¿Te evocan éstas alguna experiencia personal? ¿Te recuerdan a otra lectura o materia estudiada?

b. *Los elementos fundamentales*. Pensando en los elementos fundamentales de una lectura, ¿podrías empezar a contestar las preguntas correspondientes a cada sección?

c. *El texto.* Lee todo el texto. Lo mejor es leer sin detenerte a buscar muchas palabras. Si llegas a una palabra desconocida, subráyala, pero no te detengas para usar el diccionario.

d. *El glosario.* Con las palabras desconocidas subrayadas, trata de descifrar el significado. ¿Qué clase de palabra es: sustantivo, verbo, adjetivo, adverbio? Consulta el diccionario si es necesario, pero no emplees mucho tiempo en la búsqueda de palabras. El propósito principal es comprender la lectura en general.

Al terminar: desarrollar un resumen crítico

a. *Los elementos fundamentales.* En una hoja, identifica los elementos del texto, estudiados en el capítulo anterior. ¿Entendiste bien la lectura? ¿Puedes ofrecer un resumen oral, no sólo de la idea general, sino de todos los elementos del texto y de algunas interpretaciones?

b. *El resumen crítico.* Si no puedes ofrecer una sinopsis amplia, es probable que no hayas entendido el texto completamente. Vuelve a leer de nuevo e intenta captar también la acción de los personajes principales. ¿Cambian o no?

Si logras sintetizar la lectura e identificar los elementos fundamentales, leíste bien. Debes trabajar hasta este punto, ni más ni menos. Recuerda que resumir es saber relatar estos elementos fundamentales:

1. *el género:* el tipo de texto (cuento, poema, ...)
2. *el ambiente:* el lugar y tiempo en que transcurre la acción
3. *los personajes:* las características de los personajes y cómo cambian o no a lo largo del texto
4. *el argumento:* el argumento principal y cualquier argumento secundario
5. *el tema:* cualquier propósito explícito o implícito del escritor
6. *el punto de vista y el próposito:* el papel del narrador
7. *el lenguaje:* uso del lenguaje y del estilo y el género del texto

No es suficiente leer sólo para entender el argumento de forma general; esto es importante pero sólo sirve como punto de partida para un análisis más amplio y crítico. Hay que leer de forma crítica, enfocándote tanto en el argumento como en los demás componentes. ¿Cómo lo haces? Al leer una obra, ya sea un párrafo o un escrito más amplio, acostúmbrate a preguntarte: ¿Qué he entendido? ¿Qué les ocurre a los personajes? ¿Cómo han cambiado los personajes? ¿Cómo reacciono yo ante el texto? Habituarte a pensar, leer y resumir críticamente es una de las destrezas más útiles para realizar una lectura profunda.

Modelo: Anónimo, "El corrido de Gregorio Cortez"

A continuación presentamos el modelo de una narrativa, "El corrido de Gregorio Cortez", de escritor anónimo. ¿Has escuchado relatos de alguna persona con fama notoria en particular? Esta obra, a pesar de ser también un corrido popular, ofrece una forma distinta de presentar la narrativa.

¡A TRABAJAR, COMUNIDAD DE LECTORES!

Moderadores:

Trabajen con el instructor/la instructora para organizar 1) los miembros de la comunidad y 2) el plan de análisis de la lectura. Cada estudiante debe conocer su papel, el mismo que el del capítulo anterior u otro.

Plan sugerido para esta lectura:

Dividir a los estudiantes en grupos según el modelo seguido en el primer capítulo. Es decir, los miembros se juntan segun su papel—todos los moderadores, biógrafos, historiadores, y así por el estilo.

Biógrafos:

Busquen información sobre la verdadera historia de Gregorio Cortez. Hay un disco compacto, "Corridos y tragedias de la frontera", de Arhoolie Records, que ofrece más información. Sería útil poder escuchar la canción.

Historiadores:

Exploren la situación de los Estados Unidos, en particular la zona del suroeste, y de México en la época anterior a la Revolución Mexicana de 1910. Comparen lo encontrado con el ambiente histórico del cuento "Mi tío Cirilo".

Antes de leer: una discusión preliminar

El corrido tiene la función histórica de comunicar, a través de la canción, unos hechos notables o notorios, indicando el lugar y la fecha de un acontecimiento; sin embargo, se incluyen en el género narrativo otros hechos puramente ficticios. En todo caso el corrido presenta un momento heroico en la vida de un personaje principal y, como resultado, se fija en los hechos más dramáticos de su historia. El corrido que presentamos pertenece a un hecho histórico: el choque entre dos comunidades, la mexicana y la anglosajona en la frontera entre los Estados Unidos y México.

Práctica preparatoria

1. La tradición del corrido sigue vigente hoy en día. Piensa en una leyenda popular de alguna figura histórica. ¿Es cierto que existen algunos hechos verdaderos y otros ficticios sobre esta figura? ¿Qué tipo de corrido se escribiría sobre este personaje?
2. ¿Conoces a alguien famoso de quién ya se ha creado una canción popular contando su historia? ¿Qué características, verosímiles o no, se destacan de la persona?

3. Por tener una forma de rima asonante (sólo riman las vocales de los versos pares) y por tratarse de una canción popular, se repiten muchas palabras. Una característica del corrido consiste en poner énfasis en palabras clave, lo que le confiere un estilo de actualidad. Al leer el corrido, fíjate en dichas palabras. Subráyalas. Piensa en el efecto que pudieran tener en el lector o el oyente. Lee también el texto en voz alta.

4. Si es posible, se recomienda escuchar el corrido además de su lectura.

El corrido de Gregorio Cortez

I

En el condado del Carmen
miren lo que ha sucedido,
murió el **sherife** mayor
quedando Román herido.
Otro día por la mañana
cuando la gente llegó,
unos a los otros dicen,
no saben quién lo mató.
Se anduvieron informando;
como tres horas después,
supieron que el **malhechor** ← criminal
era Gregorio Cortez.
Insortaron a Cortez
por todito el estado,
vivo o muerto que se aprehenda
porque a varios ha matado.
Decía Gregorio Cortez
con su pistola en la mano:

— No siento haberlo matado
al que siento es mi hermano.

Decía Gregorio Cortez
con su alma muy encendida:

— No siento haberlo matado
la defensa es permitida.

Venían los americanos
que por el viento volaban,
porque se iban a ganar
tres mil pesos que les daban.
Siguió **con rumbo** a Gonzales,
varios sherifes lo vieron,
no lo quisieron seguir
porque le tuvieron miedo.

Venían los perros **jaunes**
venían sobre la **huella**
pero alcanzar a Cortez
era alcanzar a una estrella.
Decía Gregorio Cortez:

> —Pa' qué se valen de planes,
> si no pueden **agarrarme**
> ni con esos perros jaunes.

II

Decían los americanos:

> —Si lo vemos qué le haremos
> si le entramos por derecho
> muy poquitos volveremos.

En el redondel del rancho
lo **alcanzaron a rodear,**
poquitos más de trescientos
y allí les **brincó el corral.**
Allá por el Encinal
a según por lo que dicen
se agarraron a balazos
y les mató otro sherife.
Decía Gregorio Cortez
con su pistola en la mano:

> —No corran **rinches** cobardes
> con un solo mexicano.

Giró con rumbo a Laredo
sin ninguna timidez:

> —¡Síganme rinches cobardes,
> yo soy Gregorio Cortez!

Gregorio le dice a Juan
en el rancho del Ciprés:

> —**Platícame** qué hay de nuevo,
> yo soy Gregorio Cortez.

Gregorio le dice a Juan:

> —Muy pronto lo vas a ver,
> anda háblale a los sherifes,
> que me vengan a aprehender.

Cuando llegan los sherifes
Gregorio se presentó:

> —Por la buena sí me llevan
> porque de otro modo no.

Ya agarraron a Cortez
ya terminó la cuestión,
la pobre de su familia
la lleva en el corazón.
Ya con esto **me despido**
con la sombra de un Ciprés,
aquí se acaba cantando
la tragedia de Cortez.

GLOSARIO

agarrar: capturar
alcanzar a rodear: llegar a cercar, acorralar
brincar el corral: poder salir sin ser visto
con rumbo: en dirección a
despedirse: irse, decir adiós
huella: marca que deja el pie en la tierra
insortar: (dialectalismo) buscar
jaunes: (anglicismo) hounds
malhechor: persona que hace cosas malas
platicar: charlar
rinche: (anglicismo) ranger
sherife: (anglicismo) sheriff

Después de leer

Ahora que leíste la letra del corrido, y mejor aún si pudiste escucharlo, es el momento de pasar a las tareas individuales y de la comunidad para sacarle más provecho a la lectura.

Interpretaciones y análisis

A. Tarea individual

1. Escribe un resumen de la lectura, enfocándote en todos los elementos fundamentales del texto.
2. Escribe algunas palabras o cláusulas clave que demuestran quiénes son, en tu opinión, los personajes principales. Justifica tu decisión.
3. La narrativa presentada en el corrido tiene el propósito de ofrecer una perspectiva de lo acontecido. El propósito de la narrativa no se limita a contar la información de los hechos sino también las hazañas de un personaje principal, muchas veces desde una perspectiva particular, comúnmente favorable. ¿De quién es la perspectiva narrada y cómo es la actitud hacia Gregorio Córtez?

4. Escribe un breve resumen de no más de seis frases desde el punto de vista de <u>otra</u> persona, por ejemplo el "sherife", Gregorio o un periodista de la época. Escoge palabras específicas para representar esta nueva perspectiva.

B. Miembros de la comunidad

1. En cada grupo, el moderador dirige la conversación. Cada grupo debe repasar la tarea individual y el trabajo correspondiente a cada miembro. Intenten llegar a un acuerdo sobre la perspectiva tomada hacia Gregorio Córtez: ¿Es favorable o no? Usen los análisis de cada miembro —el que resume, el experto de lenguaje, el intérprete, por ejemplo— para justificar su decisión.

C. Discusión adicional

Como preparación para la conversación con la clase entera, los biógrafos y los historiadores nos han presentado la información sobre el concepto del corrido y el período histórico. Ahora, los moderadores pueden juntarse para facilitar la discusión en el grupo.

1. Cada grupo debe presentar su posición acerca de la perspectiva tomada hacia Gregorio Córtez, ofreciendo ejemplos de la lectura como apoyo. ¿Hasta qué punto hay acuerdo en la clase?
2. Comparen algunas palabras clave de los grupos. ¿Qué efecto transmiten al texto? ¿Notan otros recursos estilísticos utilizados por el escritor? ¿Qué impacto tienen?
3. Como clase, ¿qué piensan de Gregorio Córtez? ¿Qué opinan del sherife?

PASO 2   ESCRIBIR POR MODELOS

La narración

En los capítulos anteriores, hemos estudiado la descripción explorando distintas maneras para retratar con palabras a la persona, el objeto o el lugar. Ahora entramos en otro terreno: la narrativa. Narrar es contar una historia, es enumerar las acciones y los hechos ocurridos dentro de un espacio de tiempo y un ambiente particular. Narrar abarca la idea de movimiento: se caracteriza por la acción. Por lo tanto, tenemos que prestar atención a los personajes. Mientras que la descripción nos presenta cómo es un personaje, la narrativa nos informa qué le pasa a lo largo del tiempo.

En este capítulo y en el próximo exploraremos estrategias para narrar. Primero veremos los componentes integrales y luego exploraremos algunas opciones estilísticas que tenemos como autores. Se puede entender lo esencial de una narración con dos conceptos: la función y la forma.

La **función** de una narración abarca la acción; por consiguiente consiste en relatar, contar, informar o resumir. En una palabra, comunicar.

La **forma** de la narrativa, en primer plano, comprende por lo general tres partes: 1) exponer la situación, 2) desarrollar la acción, y 3) concluir el asunto.

1. *Exponer la situación.* Al comienzo de la historia: describimos el ambiente y el tiempo, presentamos a los personajes e introducimos la trama. Esta trama puede ser un conflicto sacado de la narrativa que habrá de resolverse (o no).

2. *Desarrollar la acción.* Entramos a fondo a relatar la historia. ¿Qué les sucede a los personajes principales? ¿Cómo se va desarrollando la trama? A veces, la acción se desarrolla en orden cronológico. También podemos comenzar en el medio o al final y contar la acción hacia adelante o hacia atrás. Recuerda la idea de "flashback" o narrativa retrospectiva.

   Con estas opciones, es importante tener presente el uso de los tiempos verbales. Optamos por el presente, el pasado o el futuro. Tomamos la decisión de mantener un tiempo o alterarlo, pero el lector espera cierta coherencia en el tiempo utilizado.

3. *Concluir el asunto.* A la hora de concluir, no es necesario resolverlo todo o llegar a una conclusión feliz, pero tenemos que detener la acción en cierto punto. ¿Cómo concluye el conflicto? ¿Dónde terminan los personajes? ¿Han cambiado? ¿Estamos en el mismo tiempo y ambiente, o no?

   Estas tres partes sirven de pilar para toda narrativa. Al revisar la narrativa, ten en cuenta que incluimos una perspectiva uniforme como motivo de la narrativa. En el próximo capítulo observaremos estrategias estilísticas a través de las cuales estos componentes básicos varían para alcanzar otras metas.

Estrategias del proceso: La estrella

Vamos a aprender una técnica que sirve para ampliar el vocabulario y poder escribir de una manera guiada. Es otra forma de hacer un bosquejo antes de escribir el borrador. Para hacer una descripción selectiva usando la representación, tienes que decidir cuáles van a ser los objetos de la representación (y qué elementos debes omitir). Usamos "la estrella" para orientarnos:

Paso 1: Dibuja una estrella de cinco puntas en un papel.

Paso 2: En el centro de la estrella, escribe el tema o la tarea asignada. Como ejemplo, usemos: "una descripción de un pariente".

Paso 3: En cada punta de la estrella, escribe una idea general del tema. Debes terminar con cinco posibilidades distintas relacionadas con el tema. En este ejemplo, hagamos una lista de aspectos físicos o emocionales que caracterizan a tu personaje.

Paso 4: (opción 1): Escribe un borrador de un ensayo en el que cada párrafo incluya el tema de una de las puntas de la estrella. La Figura 1 nos ofrece un modelo. La escritora escogió a su abuela como tema. Cada punta de la estrella menciona un aspecto de la abuela. En

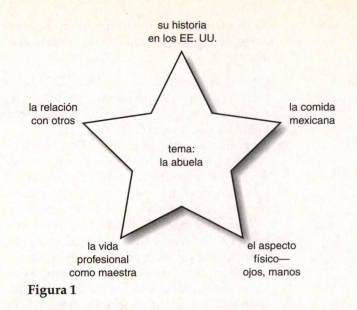

Figura 1

el ensayo, la escritora va a usar las cinco ideas como guía y como oraciones temáticas de cada párrafo. Es necesario que te limites a las ideas de los puntos que has incluido solamente, sin añadir más y así seleccionar claramente las ideas más sobresalientes.

Paso 5: (opción 2): Para ser aún más específico, desarrolla sólo una de las cinco ideas de modo que crees un retrato representativo del personaje en vez de una lista de cualidades.

Repasa las cinco ideas y elige una que sirva como tema principal. Ahora crea otra estrella y añade en cada punta un elemento de apoyo al tema. La Figura 2 muestra el trabajo de nuestra escritora. Seleccionó

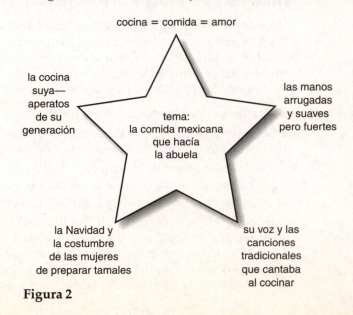

Figura 2

la costumbre de su abuela de cocinar comida mexicana y va a usar este aspecto para representar a su abuela: sus manos arrugadas, ágiles y suaves al tratar la masa; su voz dulce porque cantaba mientras cocinaba; la relación con su nieta (nuestra escritora) con quien cocinaba; la herencia de pasar las recetas étnicas y las costumbres tradicionales de generación en generación; y una descripción de la cocina misma que tanto la definía a través de los utensilios de cocina de otra generación. De esta forma, podemos conectar la descripción con la narración.

Práctica

Deseas vender un coche que ya tiene quince años y no funciona bien. Tienes que escribir un anuncio clasificado. Quieres ahorrar dinero usando pocas palabras, pero a la vez describir el coche de una manera positiva y precisa. Usa la estrella para encontrar las palabras más apropiadas. Recuerda, la estrella puede contar con verbos, sustantivos, adjetivos y hasta recursos estilísticos como metáforas.

Paso 1: Haz una estrella con el coche como tema e incluye todos los aspectos positivos del mismo.

Paso 2: Haz una estrella con el coche que abarque todos los aspectos negativos del mismo.

Paso 3: Repasa las dos estrellas y escribe uno o dos párrafos descriptivos sobre el coche.

Estrategias para escribir: El tema, la tesis y el apoyo

Teniendo en cuenta las tres partes básicas de una narrativa, la estrategia esencial para narrar es construir una estructura fuerte. ¿Cómo? Esto se logra enfocándote en las ideas principales y estableciendo un plan para desarrollarlas y concluirlas. Empezamos con el tema, la tesis y el apoyo.

El tema y *la tesis*. El **tema** se refiere al contenido general de un ensayo y la **tesis** nos expone la perspectiva particular que ofrece el escritor sobre este contenido. Es decir, mientras el tema representa el asunto, la tesis es el punto de vista del autor sobre el mismo; dentro de la tesis se puede plantear una pregunta explícita o implícita. Clarifiquemos bien la diferencia entre la tesis y el tema: la tesis se ciñe específicamente al propósito del ensayo. Veamos unos ejemplos:

El tema: la relación entre los padres y los hijos

La tesis: los padres deben permitirles a los hijos mayor independencia para que aprendan a tomar sus propias decisiones.

El tema: la vida en el siglo XXI

La tesis: los aparatos modernos nos ayudan a vivir de una forma más tranquila porque nos permiten trabajar de una manera más eficaz.

Para desarrollar una tesis, seguimos los siguientes pasos:

Paso 1: Nombramos claramente el tema. En los ejercicios sobre el proceso de lectura crítica, hemos visto maneras de destacar los elementos de una lectura. Por ejemplo, el resumen señala el tema y los puntos del argumento. También hemos estudiado varias maneras de generar ideas antes de escribir y de enfocarnos en una idea central con elementos de apoyo. Para generar una tesis, hay que distinguir entre lo general y lo específico, entre el tema y la tesis, entre el enfoque y las ideas de apoyo.

Paso 2: Hacemos una lista de las ideas que se corresponden con el tema. De esta lista, decidimos cuál es la idea principal, o idea o argumento que represente a todas las demás ideas. La tesis no puede ser ni el tema, ni el resumen, ni una de las ideas de apoyo. Es la oración que sirve como eje central de todo lo demás. Una manera de asegurarte de que cuentas con una tesis clara es tener presente que la tesis consiste en una oración completa mientras que el tema puede ser sólo un par de palabras.

Al desarrollar el ensayo, cada párrafo contiene una oración central, o una oración temática, que articula la tesis.

Paso 3: Constatamos que la tesis sea apropiada. Lo podemos comprobar de la siguiente manera: el tema provoca una pregunta sobre un asunto y la tesis es una respuesta posible a la pregunta. Veamos los modelos nuevamente:

Modelos

El tema: la relación entre padres e hijos

(La pregunta): ¿Cómo es y cómo debiera ser la relación entre padres e hijos?

La tesis (La respuesta): Los padres deben permitirles a los hijos mayor independencia para que aprendan a tomar sus propias decisiones.

El tema: la vida en el siglo XXI

(La pregunta): ¿Cómo es la vida en el siglo XXI?

La tesis (respuesta): La vida es más tranquila porque los aparatos modernos nos permiten pasar menos tiempo haciendo los quehaceres.

El apoyo. Para ser reportero de primera clase, hay que seguir una regla de oro: tener muy claros los hechos del incidente. En la narrativa, el **apoyo** consiste en las ideas, o sea los hechos, que sirven para sostener la tesis. Las piezas de apoyo reflejan la acción en una narración, puesto que vamos revelando cada idea de apoyo para crear el argumento.

Recuerda que cada párrafo sirve para dirigir el argumento hacia la conclusión. Aunque el apoyo se origina a partir de nuestra lista generada de ideas, no puede ser presentado como una lista sin ningún hilo conector.

No se trata de un simple resumen de las ideas ni una lista de posibilidades. Más bien, cada párrafo debe representar un elemento del argumento. Nuestro papel es seleccionar y unir las ideas para fortalecer la tesis. Tenemos que organizar las ideas de forma jerárquica y eliminar los hechos menos relevantes.

Práctica

1. Determina si cada ejemplo nos ofrece un tema o una tesis. Si se trata de un tema, propón una tesis. Si es una tesis, ofrece un tema. Puedes inventar otra tesis también:

   a. la relación entre amigos

   b. el siglo XXI

   c. la vida universitaria

   d. la conservación de energía en el mundo es necesaria para proteger el medioambiente.

   e. el cine

   f. la edad legal para consumir alcohol se debe cambiar a los 18 años.

   g. el teléfono celular es la mejor invención del siglo XX puesto que nos facilita la comunicación.

   h. el béisbol no es tan emocionante como el fútbol porque no conlleva tanta acción.

   i. los gastos estudiantiles

   j. los animales domésticos

2. Identifica el tema, la tesis y algunos puntos de apoyo en uno de los textos leídos: "El corrido de Gregorio Cortez", "Los versos sencillos" o "Mi tío Cirilo".

3. En base a las combinaciones tema/tesis que aparecen a continuación, haz una lista de apoyo.

   a. el cine/Hay demasiada violencia en las películas de hoy.

   b. la tecnología/La vida de hoy en día depende de los aparatos tecnológicos.

   c. las estrategias para conseguir un buen trabajo/Los solicitantes deben vestirse bien para conseguir un buen puesto.

PASO 3   CREAR NUESTRO MODELO

Con la gorra de reportero puesta (¡encima de la del fotógrafo!), el bloc de papel en la mano y el olfato de investigador, vamos a crear una narrativa a manera de reportaje. Recuerda utilizar los elementos fundamentales del modelo narrativo: incluir las tres partes, establecer y apoyar las ideas principales y ofrecer un resumen crítico.

1. Piensa en un suceso reciente y escribe una narrativa basada en dichos acontecimientos. Puedes escoger entre estos dos temas: 1) un choque entre coches que presenciaste o 2) una discusión de un tema emocionante con un compañero de cuarto o algún amigo. Ten en cuenta lo siguiente: Decide cuál es el trasfondo descriptivo con el que empezarás el relato. ¿De quién se va a tratar y qué le ocurre? Intenta mantener un equilibrio entre la descripción y el desarrollo del cuento.
2. Escribe el siguiente "capítulo" de la vida de Gregorio Cortez.

Estrategias para editar: Practicar métodos selectivos con la precisión, la concisión, la elección de verbos y el uso de adverbios

La precisión y la concisión son dos amigas que deben acompañarnos a la hora de redactar. **La precisión** consiste en seleccionar la palabra que mejor represente la idea; **la concisión** consiste en poder expresar una idea de la forma más breve y clara posible. Aunque el uso de un lenguaje general no es incorrecto, es mejor optar por un lenguaje preciso porque ofrece más claridad. Mientras más específico sea un ensayo, más persuasivo y creíble resulta. Para lograr la concisión, eliminaremos las palabras que no son necesarias para comprender la oración. Así las palabras restantes reciben más atención.

Veamos la diferencia entre un lenguaje común y uno preciso:

lenguaje común: un automóbil, un coche

lenguaje preciso: el Ford Focus azul del año 2000

lenguaje común: un día frío

lenguaje preciso: un día tormentoso con lluvia, relámpagos y rayos

lenguaje común: una planta

lenguaje preciso: un árbol alto

lenguaje más preciso: un pino

Y veamos la diferencia entre un lenguaje excesivo y uno conciso:

lenguaje excesivo: Cuando era joven mientras aprendía el proceso de lectura y escritura, tenía el hábito raro de querer comerme los lápices y los creyones.

lenguaje conciso: Mientras aprendía a escribir, solía comerme los creyones.

lenguaje excesivo: Para mí, es muy obvio que la última persona que llegó tarde a clase es la persona responsable de haber dejado abierta la puerta y no es la profesora la que tiene la culpa.

lenguaje conciso: La última estudiante que entró, no la profesora, dejó abierta la puerta del aula.

Recuerda: nuestra meta es escribir ensayos claros y vivos. De ahí que nos enfoquemos en el mensaje principal de cada oración y en apoyar dicho mensaje. Cualquier palabra que no represente la idea principal debe ser omitida o cambiada. Es más eficaz comunicar una idea de manera precisa que muchas ideas generales de una manera ambigua.

En el Manual continuamos la exploración de estrategias para mejorar la precisión y la concisión. También hay ejemplos sobre la selección de palabras a través de la elección de verbos y la utilización de adverbios. Se recomienda hacer estos ejercicios para practicar estos métodos de precisión y concisión antes de escribir tu propia composición.

CLAVES DE LA COMPOSICIÓN: EL USO DEL DICCIONARIO Y DEL LIBRO DE SINÓNIMOS Y ANTÓNIMOS

Hemos estudiado estrategias para leer y escribir que se corresponden con la comprensión y el uso de palabras. Otra manera de mejorar la comprensión del texto y ampliar el vocabulario es saber usar tanto el diccionario como el libro de sinónimos y antónimos.

Uso del diccionario. El diccionario sirve para buscar palabras desconocidas y para ampliar el vocabulario al escribir. Conviene consultar el diccionario al leer, pero hay que tener cuidado de no depender excesivamente de él.

1. Lo mejor es leer un pasaje primero sin acudir al diccionario, intentando sacar tu propia interpretación del texto. Si logras contestar preguntas con respecto a los elementos básicos del texto, has entendido la lectura. Sólo se debe usar el diccionario para buscar palabras clave.
2. También es importante buscar la palabra tanto en inglés como en español para confirmar que tienes el significado correspondiente a la lectura, puesto que muchas palabras cambian de significado según el contexto.
3. Finalmente, hay que conocer la diferencia entre un sustantivo, un adjetivo, un adverbio y un verbo. Un error común es usar una palabra equivocadamente. Por ejemplo, al escribir una descripción de un "Superhombre", un estudiante escribió: "El Superhombre mosca". Lo que intentaba decir era "*Superman flies*" y usó la palabra "mosca" para decir "*fly*". Pero "mosca" se refiere al insecto, y es un sustantivo. "Volar" es el verbo que corresponde usar. La oración correcta sería "El Superhombre vuela".

Uso del libro de sinónimos y antónimos. Un diccionario de sinónimos y antónimos nos ayuda a evitar la repetición de palabras. Hemos estudiado la importancia de la variedad en el vocabulario. Los diccionarios de sinónimos y antónimos nos ofrecen una riqueza de palabras para que escojamos el vocablo más preciso para cada ocasión.

Al igual que el uso del diccionario general, hay que acudir al diccionario de sinónimos y antónimos con atención. Primero debemos revisar la oración para ver si es necesario sustituir una palabra y si la oración cambia de significado con dicha palabra. Debemos encontrar la palabra que mejor refleje nuestra idea. A veces encontramos un término del mismo tipo (verbo por verbo). Otra opción es añadir un verbo y quitar los sustantivos. Por ejemplo:

La organización <u>decidió fundar</u> una nueva beca para estudiantes extranjeros del primer año como Anselmo.

opciones: crear, dar, instituir, instaurar, formar, establecer, donar, becar

sustitución: La organización <u>estableció</u> una nueva beca para Anselmo en su primer año.

revisión: La organización le <u>becó</u> a Anselmo en su primer año.

Redactar nuestro modelo y la lista de verificación

Teniendo en cuenta el papel de escritor reportero, vuelve a leer y redacta el borrador. Repasa la lista de verificación antes de entregar tu ensayo.

¡OJO! Lista de verificación:

1. ____He hecho una escritura libre y varios borradores, con un título y una primera oración.
2. ____He generado una tesis clara del tema y puntos apropiados de apoyo.
3. ____He editado mi ensayo pensando en la selectividad (la precisión y la concisión) y la incorporación de un lenguaje descriptivo.
4. ____He incluido las tres partes de una narrativa, prestando atención a la diferencia entre la descripción y la narrativa.
5. ____Pensando en la clave editorial, he puesto atención a los aspectos de la organización, el estilo y la gramática.

Escritor pintor

Saber narrar bien es mucho más que contar los hechos ocurridos. En el capítulo anterior, pasamos por la primera etapa: incorporar los componentes básicos de una narrativa y ofrecer un resumen crítico de un suceso, exponiendo una tesis bien sustentada. Ahora daremos un paso más en la narrativa: manipular los elementos y añadir cierta perspectiva para dejar en el lector la impresión deseada.

Para alcanzar este nivel de narración, consideremos el modelo de los pintores. ¿Cómo se diferencian los pintores de los reporteros? Los reporteros investigan y relatan los hechos. ¿Qué hacen los pintores, en cambio? ¿Tienen los pintores las mismas restricciones que los reporteros? ¿Necesitan mantener la misma objetividad o no?

PASO 1   LEER POR MODELOS

Estrategias de lectura: Descifrar la perspectiva y el tono

Además del significado de cada palabra en una obra, también hay otro significado más allá del texto que tiene que ver con la perspectiva particular del autor en un momento dado. Piensa otra vez en la diferencia entre el reportero y el pintor: el reportero asume un papel más o menos objetivo, o por lo menos así lo entendemos (algunos dirían que no existe la objetividad). Sin embargo, con un pintor no existe la esperanza de objetividad. Incluso con los retratos queda la esperanza de que el pintor destaque las mejores características físicas y minimice las peores; puede que el retrato revele algún rasgo positivo del carácter del individuo, puede que no. Los pintores tienen fama de construir escenas conforme a su propia visión.

Poder identificar la perspectiva del escritor ayuda mucho a realizar una lectura crítica. Es importante recordar que existe *una perspectiva* particular del escritor. A veces la perspectiva es obvia y otras veces queda sutilmente expuesta. ¿Cómo desciframos la perspectiva? Prestamos atención a las claves que se revelan a través de la lectura, por ejemplo, al tono. El tono consiste en el matiz, o lo subjetivo, expresado dentro de la lectura.

1. *Las palabras y el vocabulario:* Busca palabras o cláusulas que den una pista de un matiz particular. Revisa los verbos ya que, a menudo, estas palabras llevan el peso del tono, al igual que los adverbios sirven para aclarar el propósito del verbo. Repasa sobre todo las palabras que usan los personajes. Pregúntate por qué el escritor escogió una palabra específica en vez de otra, cuyo matiz hubiera sido distinto. Por ejemplo, ¿cuál es la diferencia entre *niño, chico, guapo, chaparro, chaval?* En general, ¿qué impresión crean las palabras? ¿Predomina el lenguaje formal o informal, científico, poético, chistoso?

2. *Las oraciones y el estilo:* ¿Qué tipo de cláusulas usa el escritor? ¿Son oraciones largas y complejas o cortas? Lee partes del texto en voz alta. ¿Cómo suena?

3. *El narrador:* El narrador también influye en la perspectiva y el tono de una lectura. ¿Cómo es el narrador? ¿Está presente como uno de los personajes? ¿Es un narrador omnisciente? ¿Revela una actitud en particular o se mantiene neutral ante el desarrollo del argumento?

4. *El trasfondo:* Vale la pena también examinar el trasfondo histórico y social del autor tanto como explorar sus intereses y temas predilectos, tal como hacen los investigadores en nuestra Comunidad de lectores.

Práctica

Repasa la lectura del corrido de Gregorio Cortez y señala las palabras o frases que indican un tono particular. ¿Hay palabras más cargadas de significado que otras? ¿Hay imágenes comparativas? Analiza también las oraciones: ¿de qué tipo son? ¿Cuál es el tono de esta lectura en general? Escribe sobre la perspectiva que adopta el escritor, citando ejemplos del texto. Comparte tu trabajo con la clase y trata de establecer una línea de interpretación paralela.

Modelo: Emilia Pardo Bazán, "El encaje roto"

¡A TRABAJAR, COMUNIDAD DE LECTORES!

Moderadores:

Trabajen con el instructor/la instructora para organizar las tres partes del plan.

Plan sugerido para esta lectura:

Primero, los biógrafos y los historiadores realizan su trabajo de presentar información en la discusión preliminar. Segundo, los otros miembros cumplen con sus papeles para la discusión analítica de la lectura. Tercero, se ofrece un debate entre la perspectiva de la novia y la del novio. Para este paso la clase se divide en cuatro grupos: 1) los moderadores, 2) los expertos del lenguaje, 3) los intérpretes y los que resumen y 4) los biógrafos y los historiadores.

Biógrafos:

Busquen información sobre Pardo Bazán y su época. ¿Cómo se compara su vida con la de otras mujeres de su época, según su clase social? ¿Cómo se recibió su obra en la sociedad española de la época? ¿Por qué adquiere fama?

Historiadores:

Busquen información sobre la situación de las mujeres a finales del siglo XIX. ¿Cómo era la vida? ¿Qué opciones tenían? Pueden incluir pinturas de la época para mostrar la vida cotidiana de entonces y los diferentes círculos sociales.

Antes de leer: una discusión preliminar

Emilia Pardo Bazán (1851–1921) es más conocida por sus novelas y cuentos realistas, uno de los cuales es "El encaje roto". Sus cuentos no presentan una perspectiva del sueño dorado de la mujer, sino situaciones que nos parecen muy de nuestra época por los temas que aborda en cuanto a las relaciones entre el hombre y la mujer.

Práctica preparatoria

1. Recuerda que el título a menudo ofrece una pista sobre el tema de la obra. ¿Te ofrece una idea este título sobre lo que ocurrirá? ¿Por qué lo habrá seleccionado la autora?
2. En este cuento hay dos narrativas, la de la narradora y la de la novia. Al leer, es necesario tener ambas presentes para así poder entender el hecho sorprendente que ocurre en la iglesia.

3. Al leer, ten en cuenta las distintas perspectivas y el tono de esta narrativa.
4. Cumple con los deberes de tu papel como miembro de la comunidad, observando con quién vas a trabajar en el análisis que sigue a la lectura.

El encaje roto

Convidada a la boda de Micaelita Aránguiz con Bernardo de Meneses, y no habiendo podido asistir, grande fue mi sorpresa cuando supe al día siguiente —la ceremonia debía verificarse a las diez de la noche en casa de la novia— que ésta, al pie mismo del altar, al preguntarle el Obispo de San Juan de Acre si recibía a Bernardo por esposo, **soltó** un "no" claro y enérgico; y como reiterada con extrañeza la pregunta, se repitiese la negativa, el novio, después de arrostrar un cuarto de hora la situación más ridícula del mundo, tuvo que retirarse, deshaciéndose la reunión y el enlace a la vez.

No son inauditos casos tales, y solemos leerlos en los periódicos; pero ocurren entre gente de clase humilde, de muy modesto estado, en esferas donde las conveniencias sociales no embarazan la manifestación franca y espontánea del sentimiento y de la voluntad.

Lo peculiar de la escena provocada por Micaelita era el medio ambiente en que se desarrolló. Parecíame ver el cuadro, y no podía consolarme de no haberlo contemplado por mis propios ojos. Figurábame el salón **atestado,** la escogida concurrencia, las señoras vestidas de seda y terciopelo, con collares de pedrería; al brazo la mantilla blanca para tocársela en el momento de la ceremonia; los hombres, con resplandecientes placas o luciendo veneras de órdenes militares en el delantero del frac; la madre de la novia, ricamente **prendida, atareada,** solícita, de grupo en grupo, recibiendo felicitaciones; las hermanitas, conmovidas, muy monas, de rosa la mayor, de azul la menor, ostentando los brazaletes de turquesas, regalo del cuñado futuro; el obispo que ha de bendecir la boda, alternando grave y afablemente, sonriendo, dignándose soltar chanzas urbanas o discretos elogios, mientras allá, en el fondo, se adivina el misterio del oratorio revestido de flores, una inundación de rosas blancas, desde el suelo hasta la cupulilla, donde convergen radios de rosas y de lilas como la nieve, sobre rama verde, artísticamente dispuesta, y en el altar, la efigie de la Virgen protectora de la aristocrática mansión, semioculta por una cortina de azahar, el contenido de un departamento lleno de azahar que envió de Valencia el riquísimo propietario Aránguiz, tío y padrino de la novia, que no vino en persona por viejo y achacoso —detalles que corren de boca en boca, calculándose la magnífica herencia que **corresponderá** a Micaelita, una esperanza más de ventura para el matrimonio, el cual irá a Valencia a pasar su luna de miel—. En un grupo de hombres me representaba al novio algo nervioso, ligeramente pálido, mordiéndose el bigote sin querer, inclinando la cabeza para contestar a las delicadas bromas y a las frases halagüeñas que le dirigen…

Y, por último, veía aparecer en el marco de la puerta que da a las habitaciones interiores una especie de aparición, la novia, cuyas **facciones** apenas se divisan bajo la nubecilla del tul, y que pasa haciendo crujir la seda de su traje, mientras en su pelo brilla, como sembrado de rocío, la roca antigua del **aderezo nupcial…** Y ya la ceremonia se organiza, la pareja avanza conducida con los padrinos, la cándida figura se arrodilla al lado de la esbelta y airosa del novio… Apíñase en primer término la familia, buscando buen sitio para ver amigos y curiosos, y entre el silencio y la respetuosa atención de los circunstantes…, el obispo formula una interrogación, a la cual responde un "no" seco como un disparo, rotundo como una bala. Y —siempre con la imaginación— notaba el movimiento del novio, que se revuelve herido; el ímpetu de la madre, que se lanza para proteger y amparar a su hija; la insistencia del obispo, forma de su asombro; el estremecimiento del concurso; el ansia de la pregunta transmitida en un segundo: "¿Qué pasa? ¿Qué hay? ¿La novia se ha puesto mala? ¿Qué dice "no"? Imposible… Pero ¿es seguro? ¡Qué episodio!… "

Todo esto, dentro de la vida social, constituye un terrible drama. Y en el caso de Micaelita, al par que drama, fue logogrifo. Nunca llegó a saberse de cierto la causa de la súbita negativa.

Micaelita se limitaba a decir que había cambiado de opinión y que era bien libre y dueña de volverse atrás, aunque fuese al pie del ara, mientras el "sí" no hubiese partido de sus labios. Los íntimos de la casa se devanaban los **sesos,** emitiendo suposiciones inverosímiles. Lo indudable era que todos vieron, hasta el momento fatal, a los novios satisfechos y amarteladísimos; y las amiguitas que entraron a admirar a la novia engalanada, minutos antes del escándalo, referían que estaba loca de contento y tan ilusionada y satisfecha, que no se cambiaría por nadie. Datos eran éstos para oscurecer más el extraño enigma que por largo tiempo dio pábulo a la murmuración, irritada con el misterio y dispuesta a explicarlo desfavorablemente.

A los tres años —cuando ya casi nadie iba acordándose del **sucedido** de las bodas de Micaelita—, me la encontré en un balneario de moda donde su madre tomaba las aguas. No hay cosa que facilite las relaciones como la vida de balneario, y la señorita de Aránguiz se hizo tan íntima mía, que una tarde, paseando hacia la iglesia, me reveló su secreto, afirmando que me permite divulgarlo, en la seguridad de que explicación tan sencilla no será creída por nadie.

—Fue la cosa más tonta… De puro tonta no quise decirla; la gente siempre atribuye los sucesos a causas profundas y transcendentales, sin reparar en que a veces nuestro destino lo fijan las niñerías, las "pequeñeces" más pequeñas… Pero son pequeñeces que significan algo, y para ciertas personas significan demasiado. Verá usted lo que pasó; y no concibo que no se enterase nadie, porque el caso ocurrió allí mismo, delante de todos; sólo que no se fijaron porque fue, realmente, un decir Jesús.

Ya sabe usted que mi boda con Bernardo de Meneses parecía reunir todas las condiciones y garantías de **felicidad.** Además, confieso que mi novio me gustaba mucho, más que ningún hombre de los que conocía y conozco; creo que estaba enamorada de él. Lo único que sentía era no poder estudiar su carácter; algunas personas le juzgaban violento; pero yo le veía siempre cortés, deferente, blando como un guante, y recelaba que adoptase apariencias destinadas a engañarme y a encubrir una fiera y avinagrada condición. Maldecía yo mil veces la sujeción de la mujer soltera, para la cual es imposible seguir los pasos a su novio, **ahondar** en la realidad y obtener informes leales, sinceros hasta la crudeza —los únicos que me tranquilizarían—. Intenté someter a varias pruebas a Bernardo, y salió bien de ellas; su conducta fue tan correcta, que llegué a creer que podía fiarle sin temor alguno mi porvenir y mi dicha.

Llegó el día de la boda. A pesar de la natural emoción, al vestirme el traje blanco reparé una vez más en el soberbio **volante de encaje** que lo adornaba, y era regalo de mi novio. Había pertenecido a su familia aquel viejo Alençón auténtico, de una tercia de ancho —una maravilla—, de un dibujo exquisito, perfectamente conservado, digno del escaparate de un museo. Bernardo me lo había regalado encareciendo su valor, lo cual llegó a impacientarme, pues por mucho que el **encaje** valiese, mi futuro debía suponer que era poco para mí.

En aquel momento solemne, al verlo realzado por el denso raso del vestido, me pareció que la delicadísima labor significaba una promesa de ventura y que su tejido, tan frágil y a la vez tan resistente, prendía en sutiles mallas dos corazones. Este sueño me fascinaba cuando eché a andar hacia el salón, en cuya puerta me esperaba mi novio. Al precipitarme para saludarle llena de alegría por última vez, antes de pertenecerle en alma y cuerpo, el encaje se enganchó en un hierro de la puerta, con tan mala suerte, que al quererme soltar oí el ruido peculiar del **desgarrón,** y pude ver que un jirón del magnífico adorno colgaba sobre la falda. Sólo que también vi otra cosa: la cara de Bernardo, contraída y desfigurada por el enojo más vivo; sus pupilas chispeantes, su boca entreabierta ya para proferir la reconvención y la injuria… No llegó a tanto, porque se encontró rodeado de gente; pero en aquel instante fugaz se alzó un telón y detrás apareció desnuda un alma.

Debí de inmutarme; por fortuna, el tul de mi velo me cubría el rostro. En mi interior algo crujía y se despedazaba, y el **júbilo** con que atravesé el umbral del salón se cambió en horror profundo. Bernardo se me aparecía siempre con aquella expresión de ira, dureza y menosprecio que acababa de sorprender en su rostro; esta convicción se apoderó de mí, y con ella vino otra: la de que no podía, la de que no quería entregarme a tal hombre, ni entonces, ni jamás…Y, sin embargo, fui acercándome al altar, me arrodillé, escuché las exhortaciones del Obispo… Pero cuando me preguntaron, la verdad me saltó a los labios, impetuosa, terrible… Aquel "no" brotaba sin proponérmelo; me lo decía a mí propia… ¡para que lo oyesen todos!

—¿Y por qué no declaró usted el verdadero motivo, cuando tantos comentarios se hicieron?

—Lo repito: por su misma sencillez… No se hubiesen convencido jamás. Lo natural y vulgar es lo que no se admite. Preferí dejar creer que había razones de ésas que llaman serias…

GLOSARIO

aderezo nupcial: joyas de la novia
ahondar: estudiar en detalle
atareada: ocupada
atestado: lleno de gente
corresponderá: será de
desgarrón: el resultado de romperse algo
encaje: tejido de puntilla
facciones: rasgos de la cara
felicidad: gran alegría
júbilo: alegría
prendida: vestida
sesos: mente
soltó (soltar): se le escapó, expulsó
sucedido: hecho
volante de encaje: adornos de encaje

Después de leer

Pasemos ahora a las actividades individuales y las señaladas para realizar como miembros de la comunidad.

Interpretaciones y análisis
A. Tarea individual

1. Ofrece en unos párrafos un resumen crítico de la lectura, enfocándote en todos los elementos fundamentales del texto.
2. En unas cuantas frases, comenta los posibles significados del título. ¿Habías adivinado algo parecido en la práctica preparatoria?
3. Comenta la importancia de la decisión que tomó Micaelita en la iglesia y explica las razones que la llevaron a tomar tal resolución. ¿Qué impacto crees que haya tenido en su vida y en la de su familia?
4. Si fuera el novio el que escribiera la narrativa, ¿cuáles serían los puntos de diferencia entre el novio y la novia? Ofrece algunas razones de enfoque desde la perspectiva del novio, utilizando puntos de apoyo.

B. Miembros de la comunidad

1. Los moderadores empiezan la discusión.
2. Primero, los miembros con un mismo papel se reúnen en un mismo grupo. Durante unos minutos, compartan sus hallazgos y después los que resumen presenten un único resumen conciso a toda la clase. Estén preparados para contestar preguntas. De igual forma, los expertos del lenguaje deben presentar algunas palabras clave y contestar a las preguntas.

3. Los intérpretes habrán repasado sus preguntas individuales. Deben escribir dos preguntas de interpretación en la pizarra para iniciar el análisis de la lectura.

C. Discusión adicional

1. Una vez que quede claro el resumen crítico del texto, iniciamos el análisis comprensivo de la lectura. Empezamos con la tarea individual analizando la decisión de Micaela. ¿Hay acuerdo entre los miembros del grupo sobre la decisión tomada por ella? ¿Están de acuerdo en que ella tuvo la libertad de tomar tal decisión, sin consultar a nadie?
2. Sigan con las preguntas escritas en la pizarra por los intérpretes. ¿Qué ideas ofrecen a nuestra comprensión de la lectura?
3. Otro análisis de perspectiva: el debate. En la lectura, la novia, Micaela, toma la decisión de no casarse al ver la reacción del novio. ¿Se justifica tal decisión, tomada en el último momento? ¿Por qué sí o por qué no? Para explorar esta pregunta, se sugiere que la comunidad abarque otra forma de análisis, el debate. Aquí se presenta un plan:

    a. *Los moderadores:* facilitan la conversación, dando a cada grupo unos minutos de preparación; a continuación expongan sus ideas para terminar con una conversación abierta.
    b. *Los biógrafos y los historiadores:* van a apoyar la decisión de Micaela, justificándola con el apoyo del texto y también con lo que saben del contexto histórico.
    c. *Los intérpretes y los que resumen:* van a ir en contra de la decisión de Micaela, verificándola con el apoyo del texto y también con lo que saben del contexto histórico.

PASO 2   ESCRIBIR POR MODELOS

La narración dentro de una perspectiva: Manipular el marco

En el capítulo anterior, estudiamos la forma y la función de la narrativa, la diferencia entre el tema y la tesis, y la necesidad de apoyar las ideas. En este capítulo, hemos leído un texto que va más allá de la narrativa. Muestra el punto clave de cualquier narrativa: la perspectiva tomada.

Pensemos otra vez en la diferencia entre el reportero y el pintor. El reportero recoge y expone los acontecimientos acaecidos. Sin embargo, como hemos visto, el pintor no tiene tal obligación. El pintor decide la perspectiva que va a utilizar dentro del marco del cuadro. Tiene varias decisiones que tomar: el aspecto del individuo que va a resaltar o atenuar, cuánto del sujeto va a pintar, cuántos objetos o símbolos incluirá, qué trasfondo le dará al sujeto. El pintor inclusive tiene la libertad de escoger los colores y la textura, la tela, y el tipo de pintura que usará.

¿Cómo se relaciona el escritor con el pintor? Como el pintor, el escritor tiene varias opciones a la hora de desarrollar su obra. Al escribir toma decisiones tales como qué tiempo verbal usar, o si narrar la acción hacia adelante o hacia atrás. A continuación estudiamos las estrategias para crear y manipular el marco de una escritura.

Estrategias del proceso: El rompecabezas personal

El reportero toma apuntes al entrevistar a alguien o al investigar un incidente y el pintor estudia su sujeto antes de que el pincel toque el lienzo. Y una vez que recogen los datos y cultivan varias ideas sobre el tema, estos modelos suelen seguir una fórmula propia, como un rompecabezas personal, para cumplir con el trabajo. De igual forma ya tenemos conocimiento suficiente para empezar un ensayo: hemos explorado maneras de evitar el miedo ante una página en blanco, estrategias para generar las ideas y maneras de sacar los elementos fundamentales de una lectura y desarrollar un resumen crítico. Ahora abordamos estrategias para escribir el ensayo.

Estas preguntas pueden ayudarte a reconocer o mejorar tu rompecabezas personal al seguir unos pasos concretos en el proceso de la escritura.

Paso 1: Cuando empiezas a escribir, ¿de qué manera estructuras tus ideas? ¿Haces una lista o un borrador? ¿Usas la estrella que hemos explorado en el capítulo anterior? ¿Tienes otra técnica o una fórmula personal que prefieras? ¿Qué factores condicionan tu fórmula, el tiempo que tienes para escribir o el tipo de tarea? Ya debes tener una idea clara de las estrategias para iniciar un ensayo. Se trata de un rompecabezas personal: no es obligatorio seguir un proceso fijo, pero sí conviene saber las fórmulas que más te convengan e intentar utilizarlas. Piensa por un momento en el proceso personal que prefieres utilizar en tus ensayos. ¿Se lo podrías describir a la clase?

Paso 2: Una vez que hayas empezado el proceso, el próximo paso es establecer la tesis y seleccionar las ideas de apoyo. ¿Cómo desarrollas la tesis? Pon en práctica lo que hemos estudiado: considera que la tesis es la respuesta a una pregunta sobre el tema, el punto central que deseas exponer. ¿Puedes diferenciar entre el tema y la tesis? ¡Ojo! Hay personas que no empiezan a escribir hasta haber identificado la tesis, pasándose a veces horas pensando en una posible tesis. Hay otros que escriben un borrador y desarrollan la tesis después de escribir de forma general sobre el tema. En fin, es un rompecabezas personal: no es necesario seguir un proceso particular, pero sí es importante cumplir con los pasos. Como prueba: ¿puedes leer un borrador y subrayar fácilmente la tesis?

Paso 3: Una vez expuesta la tesis, lo que queda es seleccionar y ordenar las ideas de apoyo. ¿Cómo las seleccionas? Conviene incluir las ideas esenciales en vez de presentarlas sin seguir un orden en particular. Al repasar cada sección de apoyo, pregúntate si cada oración apoya bien la tesis o necesita ser editada.

Paso 4: Piensa ahora en el orden que vas a seguir: ¿Será un orden cronológicó? ¿Será un orden inverso? ¿Expondrás las ideas de mayor importancia primero y luego las de menor peso, o al revés? ¿Cómo vas a dividir la información en los distintos párrafos? Igual que el pintor, cuyo trabajo consiste en conocer la materia, ordenarla y exponerla de forma lógica con un cierto toque personal, necesitamos pensar en nuestro propio proceso a la hora de presentar las ideas.

Práctica

Usando un ensayo tuyo, vuelve a pensar en los pasos que seguiste al escribirlo desde la primera idea, las decisiones que tomaste en cuanto al tema y al desarrollo de la tesis, hasta la exposición de las mismas. ¿Puedes ver tu propio plan? ¿Has diseñado —y resuelto— tu propio rompecabezas? ¿Te parece lógica la presentación de ideas? ¿Crees que haciendo unos cambios se destacarían más algunas ideas?

Estrategias para escribir: Crear el marco de la escritura

Más allá de utilizar un tema, una tesis y un apoyo para establecer el contenido de la escritura, también pensamos en el marco de la misma. Igual que hace el pintor, los escritores manipulan la materia al escribir para crear un marco. Al pensar en la obra de Pardo Bazán: ¿cómo manejó el marco? ¿Cómo presentó la información? ¿Desarrolló la acción y la resolvió? ¿Hay una resolución de la trama en la obra? ¿Qué propósito logró con el título? ¿Puedes mencionar otra decisión tomada por esta escritora? Al establecer el marco se trata de tomar decisiones acertadas acerca del contenido y del estilo: exponer la situación, desarrollar la acción y terminarla.

El contenido. El contenido consiste en toda la información utilizada en la escritura. Esta información se relaciona con el ambiente, el tema principal (puede ser un personaje o no), el desarrollo y la resolución.

La perspectiva. La perspectiva consiste en el punto de vista que escogemos para destacar algo del contenido posible. Hay que optar por cierto enfoque (la tesis) y darle el apoyo necesario. Las decisiones sobre la perspectiva son las más importantes que tomamos como escritores. Cumplimos con nuestra meta al contestar estas preguntas: ¿Qué aspectos quisiera destacar de este contenido? ¿Cuál es la información esencial? ¿Hay algo que no sea esencial pero que debo añadir? ¿Qué debo omitir?

El marco. El marco combina el contenido y la presentación de la información. Comprende la responsabilidad de presentar los datos (como reportero) y decidir sobre los recursos estilísticos (como pintor).

Contestamos preguntas como: ¿Qué tiempo verbal uso, el presente o el pasado? ¿Con qué parte de la escritura empiezo: la presentación, el propio desarrollo o la resolución? ¿Dónde introduzco la tesis? ¿Hay información que voy a presentar de manera explícita además de apuntar otros detalles? ¿Cómo funciona el narrador en la escritura?

Práctica

Recientemente sufriste un accidente de coche. Nadie resultó herido, pero se te estropeó el coche.

a. Ahora: A partir de este hecho sencillo, crea un contenido. Haz una lista sobre la siguiente información de trasfondo:
- el coche (de quién, nuevo o no, caro o no)
- los personajes (tú sólo o con otros; eras conductor novato o con mucha experiencia; había otros conductores o no; pasajeros)
- el ambiente (por la noche, por el día; mal o buen tiempo; mucho tráfico o no)
- la situación (una carretera desconocida, llevabas prisa)
- información del desarrollo: los hechos que ocurrieron
- información del desenlace: los hechos sobre la resolución

b. Antes de escribir, decide la perspectiva. ¿Cuál sería la pregunta implícita: que los lunes el tráfico es horrible, que tienes mala suerte, que la edad de manejar no debe empezar a los 16 años o que debe terminar a los 50, que el coche era demasiado viejo…?

c. Una vez que tengas la perspectiva, vuelve a la lista de los aspectos del trasfondo de la historia y decide qué quieres incluir.

d. Decide sobre el marco: es decir, las opciones de contenido y perspectiva que mejor se relacionen con la impresión que quieres crear.

e. Comparte tus decisiones con dos estudiantes. ¿Cómo se diferencia la forma en que cada uno de ustedes ha manipulado la información? ¿Qué impresión ofrece cada variante seleccionada?

PASO 3   CREAR NUESTROS MODELOS

La imagen estereotipada del reportero suele ser la de un individuo con gorra de béisbol, mostrando su determinación a la hora de investigar un suceso y de representar los hechos. En cambio, un pintor no lleva tal gorra de béisbol, sino una boina, puesta ligeramente, con cierto toque artístico. Recordando de dónde hemos venido, el fotógrafo y el reportero, pongámonos esta boina de pintor para ayudarnos a desarrollar nuestra narrativa, escogiendo una perspectiva dentro del marco.

1. Reflexiona sobre una decisión importante que hayas tomado. Puede ser sobre una relación personal entre novios, amigos, hermanos u

otros parientes. ¿Qué opinas, en retrospección, sobre la resolución que tomaste? ¿La tomarías de nuevo? Narra lo que ocurrió, ofreciendo una perspectiva clara.

2. Pensando en la acción que tomó la novia en el cuento de Pardo Bazán, toma una posición a favor o en contra de lo que hizo. Dada tu perspectiva, ahora escribe una narrativa de lo que posiblemente ocurriría en el siguiente capítulo del texto. Asegúrate de que tu narrativa sea apropiada, según tu perspectiva, para el carácter de la novia y del novio.

3. Reflexiona sobre las decisiones que toman los hombres o las mujeres.

Estrategias para editar: Los párrafos y las transiciones

Sabemos que el lector utiliza la división de párrafos para guiarse al leer y para comprender la materia principal y secundaria. De igual manera, las transiciones entre párrafos sirven para mostrarnos la conclusión de una idea y el inicio de otra. De ahí que sea importante pensar como escritores en el tipo de párrafo y estilo de transición que mejor presente nuestro tema y tesis.

El estilo de los párrafos y las transiciones también reflejan la perspectiva y tono que queremos expresar. Piensa en el método de exposición del cuento de Pardo Bazán en comparación con el de Cortázar. Pardo Bazán relata el suceso mediante el uso de muchos párrafos, mientras que Cortázar relata todo el cuento en una serie de oraciones sin revelar un cambio de perspectiva obvio. ¿Qué impresión crea cada estilo?

En el Manual se analiza de forma más profusa el uso de párrafos y transiciones, al mismo tiempo que se incluyen ejercicios prácticos.

CLAVES DE LA COMPOSICIÓN: LA INTRODUCCIÓN Y LA CONCLUSIÓN

La introducción y la conclusión del ensayo sirven a modo de entrada y salida del mismo. Aunque parezca extraño, para muchos escritores estos dos párrafos presentan el mayor desafío.

La introducción. El primer párrafo sirve para atraer la atención de los lectores hacia la tesis, indicando el tema y presentando la perspectiva del/de la autor/a. También en la introducción el escritor pintor establece el tono del ensayo. ¿Has sufrido al enfrentarte al papel en blanco y no saber empezar? Otro paso difícil es cuando empezamos el ensayo y pasamos mucho tiempo con la introducción, para luego dedicar mucho tiempo a organizar todo el desarrollo....¡con el fin de que coincida con la introducción!

Sin embargo, no tenemos que seguir dicha secuencia: un truco de los escritores es editar la introducción como el *acto final* de la escritura, *después* de revisar todo el ensayo. ¿Por qué? Porque así se puede cambiar la introducción para que refleje bien todo lo que se ha escrito en el ensayo, incluidas la tesis y las ideas de apoyo. De tal modo, no necesitas terminar la introducción antes de desarrollar el ensayo. Lo que sí debes hacer es redactar la introducción como si fuera un borrador, desarrollar el cuerpo del ensayo, y regresar a redactar la introducción.

La conclusión.   Con el último párrafo, se cierra el ensayo. La conclusión presenta las últimas palabras que el lector lee y así ofrece la última oportunidad para dejar alguna impresión en el mismo. No debe ser una mera repetición de la introducción, sino un reflejo de la tesis, con un toque personal que enfatiza tu estilo como escritor, y que cierra, a modo de círculo perfecto, tus ideas.

Para lograr una excelente introducción y conclusión, hay que pensar en el público y en la impresión que queremos dejar. Debes considerarte a ti mismo como parte del público. ¿Qué tipo de introducción te llama la atención? ¿Te acuerdas de alguna introducción en particular de las lecturas, tanto las del texto como las de los modelos estudiantiles? Recuerda la estrategia de introducir variantes en la primera oración, por ejemplo, usando citas o preguntas. Al pensar en las introducciones y las conclusiones de tus ensayos de este semestre, ¿notas alguna variedad o has seguido la misma fórmula? Es cuestión de experimentar. La única manera de encontrar, ampliar y entrenar tu voz es practicar con modelos diferentes.

Redactar nuestro modelo y la lista de verificación

En este capítulo, estudiamos la manera de integrar la descripción y la narrativa en un reportaje dramático, prestando atención a la importancia de tomar una perspectiva particular en el ensayo.

¡OJO! Lista de verificación:

1. ____ He hecho una escritura libre y varios borradores, con un título y una primera oración apropiados.
2. ____He generado una tesis clara del tema utilizando puntos apropiados de apoyo y una perspectiva clara.
3. ____He incluido un lenguaje descriptivo dentro de una narrativa bien desarrollada.
4. ____He prestado atención a la división de párrafos, el uso de transiciones y el efecto de la introducción y la conclusión.
5. ____Pensando en la clave editorial, he prestado atención a los aspectos de la organización, el estilo y la gramática.

CAPÍTULO

5

Escritor crítico

Ahora pasamos del mundo de la descripción y la narración al mundo de la argumentación. En los primeros capítulos nos hemos concentrado en el desarrollo de las ideas, la generación de la tesis y de los puntos de apoyo, y la importancia de tomar cierta perspectiva. El próximo paso es examinar de forma explícita las maneras de llevar a cabo una argumentación. Empezamos con el modelo de escritor crítico.

En cierta forma, todos somos críticos por naturaleza. Cada vez que leemos, vemos una película o hacemos comentarios sobre un curso ofrecemos una opinión sobre la experiencia vivida. En los periódicos siempre se publican opiniones sobre la realidad social y reseñas críticas de un nuevo disco de un grupo musical, un concierto o una obra teatral. El papel del crítico consiste en conocer el tema lo mejor posible y ofrecer comentarios, bien documentados, sobre el mismo. La clave es saber ofrecer una crítica bien fundada en vez de una simple opinión.

PASO 1   LEER POR MODELOS

Estrategias de lectura: Formular preguntas analíticas

Otra forma de comprender mejor el texto, de establecer una conexión entre el texto y la vida de hoy en día, y de prepararnos bien para el análisis crítico del texto en clase es generar varias preguntas para una discusión sobre la lectura. Hay tres categorías de preguntas:

1. *Preguntas de hecho:* Estas preguntas se basan en los hechos del texto y exigen una respuesta precisa y particular. Con esta pregunta iniciamos la lectura. No son preguntas muy productivas en una discusión de ideas, pero sí son esenciales para la comprensión.
2. *Preguntas de interpretación:* Al relacionarse con las ideas del texto, estas preguntas no tienen una respuesta fija; más bien las respuestas varían según la interpretación que demos de los sucesos de un texto. Puesto que permiten una discusión a varios niveles, son preguntas clave para analizar un escrito.
3. *Preguntas de evaluación:* Estas preguntas son interpretaciones sobre el texto sin respuestas concretas porque se basan más bien en la opinión sustentada del lector que en el texto. Sirven para empezar la discusión sobre temas de hoy en día, pero al mismo tiempo deben mantener una conexión con el texto.

Veamos algunos ejemplos de las tres preguntas a través de la lectura de Pardo Bazán:

a. Preguntas de hecho: ¿Qué le ocurre al encaje? ¿Cuándo toma la decisión Micaela?
b. Preguntas de interpretación: ¿Por qué toma la decisión de no casarse Micaela? ¿Cuál es la actitud del narrador?
c. Pregunta de evaluación: ¿Fue justa la decisión tomada?

Los críticos, tanto escritores como lectores, dan sus opiniones después de examinar estas preguntas.

Práctica

Piensa en la última película que hayas visto. ¿Miraste la película sólo disfrutando del argumento o pensaste en ideas críticas mientras la veías? Muchas veces al ver un programa de televisión o una película, no podemos separar nuestro ojo crítico de nuestro deseo de entretenimiento. Al mismo tiempo que miramos la película, analizamos si el contenido nos parece verosímil o no.

a. Escribe apuntes para un resumen crítico de esta película basados en los elementos fundamentales.

  b. También ofrece un comentario sobre el posible propósito del director
  y el nivel de éxito que alcanzó en términos de contenido y estilo.

  c. Comparte tu resumen crítico con un compañero de la clase.

  Ya hemos señalado que la lectura debe ser crítica y debe prestar
atención a los distintos niveles de un texto. Leer merece mucha atención
y un ojo crítico.

Modelo 1: Laura Esquivel, *Como agua para chocolate (selección)*

¡A TRABAJAR, COMUNIDAD DE LECTORES!

Moderadores:

Trabajen con el instructor/la instructora para organizar 1) los miembros de la comunidad y 2) el plan de análisis de la lectura.

Plan sugerido para esta lectura:

Primero, para comprensión y análisis, los miembros trabajan juntos con otros del mismo papel. Segundo, en la discusión final, se juntan en grupos de los seis miembros distintos.

Los que resumen:

Esta lectura puede resultar desafiante para algunos compañeros puesto que es la lectura más larga
hasta este punto. Trabajen como grupo para dividir la lectura entre ustedes. Todos van a leer la lectura entera, pero además cada persona debe asumir la responsabilidad de entender bien su sección
y escribir no más de dos frases que resuman la sección asignada. Después, júntense de nuevo para
crear un resumen conciso de la lectura en su conjunto.

Los expertos del lenguaje:

Trabajen como grupo para dividir la lectura entre ustedes. Todos van a leer la lectura entera, pero
además cada persona debe asumir la responsabilidad de entender bien la sección estipulada. Para
cada sección, destaquen algunas de las palabras clave para la comprensión de la sección.

Biógrafos:

Busquen información sobre la autora mexicana Laura Esquivel, su vida, su estilo y sus temas más
frecuentes. ¿Dónde ha pasado su vida? ¿Cuáles han sido sus referentes al escribir? ¿Hay temas
particulares que trata con frecuencia en sus escritos?

Historiadores:

Esta lectura es un capítulo de *Como agua para chocolate*, de Laura Esquivel, escrita en 1989. El libro
se llevó al cine en 1993 con bastante éxito, no sólo en México sino también en el resto del mundo.

Antes de leer: una discusión preliminar

Laura Esquivel (1930-) es una escritora contemporánea. Nació en México
donde inició una carrera de maestra de escuela infantil y primaria. Empezó escribiendo cuentos para niños y pasó a escribir programas de televisión dirigidos a ellos. Su primera novela, *Como agua para chocolate*, se

publicó en México en 1989 y trata de las relaciones entre tres hijas y su madre durante la revolución mexicana.

La novela se divide en capítulos según los meses del año. Cada capítulo nos revela una receta de cocina que se convierte, a su vez, en el origen del argumento. Esquivel observa que la cocina es el lugar más importante de una casa y que representa una fuente de sabiduría y pasión. Vamos a leer el capítulo 4, "Abril. Mole de guajolote con almendra y ajonjolí".

Práctica preparatoria

1. Piensa en el título, *Como agua para chocolate*. Esta frase se refiere específicamente al momento en el que el agua, al hervir, se mezcla con el chocolate hasta convertirse en bebida. Sabiendo que la novela utiliza la idea de cocinar como metáfora, ¿qué simboliza esta frase?
2. Al leer el cuento, piensa en la relación entre la cocina y el desarrollo del argumento. Subraya las partes del capítulo donde se menciona la preparación de la receta.
3. Esta lectura se enfoca en la relación entre Tita y Pedro, que ocurre en contra de los deseos de su madre, según las costumbres tradicionales de la época. Por ser la hija menor, Tita tiene la obligación de no casarse y cuidar de su madre hasta que ésta muera. Sin embargo, la madre sí permite que la hija mayor, Rosaura, se case con Pedro. Al leer, escoge y subraya palabras y cláusulas que señalen el carácter de Tita, tanto las características físicas como las emocionales.
4. Al leer, intenta destacar los elementos fundamentales de esta lectura.
5. Al estudiar la lectura, también prepara el material correspondiente a tu papel como miembro de la comunidad de lectores.

Abril. Mole de guajolote con almendra y ajonjolí

(capítulo 4 de *Como agua para chocolate*)

Ingredientes:

¼ de chile mulato	2 tablillas de chocolate
3 chiles pasilla	anís
3 chiles anchos	manteca
un puño de **almendras**	clavo
un puño de **ajonjolí**	canela
caldo de **guajolote**	pimienta
un bizcocho (⅓ de concha)	azúcar
cacahuates	semilla de los chiles
½ cebolla	5 dientes de ajo
vino	

Manera de hacerse:

Después de dos días de matado el guajolote, se limpia y se pone a cocer con sal. La carne de los guajolotes es sabrosa y aun exquisita si se ha cebado cuidadosamente. Esto se **logra** teniendo a las aves en corrales limpios, con grano y agua en abundancia.

Quince días antes de matar a los guajolotes, se les empieza a alimentar con nueces pequeñas. Comenzando el primer día con una, al siguiente se les echan en el pico dos y así sucesivamente se les va aumentando la ración, hasta la víspera de matarse, sin importar el maíz que coman voluntariamente en ese tiempo.

Tita tuvo mucho cuidado en cebar a los guajolotes apropiadamente, pues le interesaba mucho quedar bien en la fiesta tan importante a celebrarse en el rancho: el **bautizo** de su sobrino, el primer hijo de Pedro y Rosaura. Este acontecimiento ameritaba una gran comida con **mole**. Para la ocasión se había mandado a hacer una **vajilla** de barro especial con el nombre de Roberto, que así se llamaba el agraciado bebé, quien no paraba de recibir las atenciones y los regalos de familiares y amigos. En especial de parte de Tita, quien en contra de lo que se esperaba, sentía un inmenso cariño por este niño, olvidando por completo que era el resultado del matrimonio de su hermana con Pedro, el amor de su vida.

Con verdadero entusiasmo se dispuso a preparar con un día de anterioridad el mole para el bautizo. Pedro la escuchaba desde la sala experimentando una nueva sensación para él. El sonido de las ollas al chocar unas contra otras, el olor de las almendras dorándose en el comal, la melodiosa voz de Tita, que cantaba mientras cocinaba, habían despertado su instinto sexual. Y así como los amantes saben que se aproxima el momento de una relación íntima, ante la cercanía, el olor del ser amado, o las caricias recíprocas en un previo juego amoroso, así estos sonidos y olores, sobre todo el del ajonjolí dorado, le anunciaban a Pedro la proximidad de un verdadero placer culinario.

Las almendras y el ajonjolí se **tuestan** en comal. Los chiles anchos, desvenados, también se tuestan, pero no mucho para que no se amarguen. Esto se tiene que hacer en un sartén aparte, pues se les pone un poco de manteca para hacerlo. Después se **muelen** en metate junto con las almendras y el ajonjolí.

Tita, de rodillas, inclinada sobre el metate, se movía rítmica y cadenciosamente mientras molía las almendras y el ajonjolí.

Bajo su blusa sus senos se meneaban libremente pues ella nunca usó sostén alguno. De su cuello escurrían gotas de sudor que rodaban hacia abajo siguiendo el surco de piel entre sus pechos redondos y duros.

Pedro, no pudiendo resistir los olores que emanaban de la cocina, se dirigió hacia ella, quedando petrificado en la puerta ante la sensual postura en que encontró a Tita.

Tita levantó la vista sin dejar de moverse y sus ojos se encontraron con los de Pedro. Inmediatamente, sus miradas enardecidas se **fundieron** de tal manera que quien los hubiera visto sólo habría notado una sola mirada, un solo movimiento rítmico y sensual, una sola respiración agitada y un mismo deseo.

Permanecieron en éxtasis amoroso hasta que Pedro bajó la vista y la clavó en los senos de Tita. Ésta dejó de **moler**, se enderezó y orgullosamente irguió su **pecho**, para que Pedro lo observara plenamente. El examen de que fue objeto cambió para siempre la relación entre ellos. Después de esa escrutadora mirada que penetraba la ropa ya nada volvería a ser igual. Tita supo en carne propia por qué el contacto con el fuego altera los elementos, por qué un pedazo de masa se convierte en tortilla, por qué un pecho sin haber pasado por el fuego de amor es un pecho inerte, una bola de masa sin ninguna utilidad. En sólo unos instantes Pedro había transformado los senos de Tita, de castos a voluptuosos, sin necesidad de tocarlos.

De no haber sido por la llegada de Chencha, que había ido al mercado por los chiles anchos, quién sabe qué hubiera pasado entre Pedro y Tita; tal vez Pedro hubiera terminado amasando sin descanso los senos que Tita le ofrecía pero, desgraciadamente, no fue así. Pedro, fingiendo haber ido por un vaso de agua de limón con chía, lo tomó rápidamente y salió de la cocina.

Tita, con manos temblorosas, trató de continuar con la elaboración del mole como si nada hubiera pasado.

Cuando ya están bien molidas las almendras y el ajonjolí, se mezclan con el caldo donde se coció el guajolote y se le agrega sal al gusto. En un molcajete se muelen el clavo, la canela, el anís, la pimienta y, por último, el bizcocho, que anteriormente se ha puesto a freír en manteca junto con la cebolla picada y el ajo.

En seguida se mezclan con el vino y se incorporan.

Mientras molía las especias, Chencha trataba en vano de capturar el interés de Tita. Pero por más que le exageró los incidentes que había presenciado en la plaza y le narraba con lujo de detalles la violencia de las batallas que tenían lugar en el pueblo, sólo **alcanzaba** a interesar a Tita por breves momentos.

Ésta, por hoy, no tenía cabeza para otra cosa que no fuera la emoción que acababa de experimentar. Además de que Tita conocía perfectamente cuáles eran los móviles de Chencha al decirle estas cosas. Como ella ya no era la niña que se asustaba con las historias de la **llorona**, la bruja que chupaba a los niños, el coco y demás horrores, ahora Chencha trataba de asustarla con historias de colgados, fusilados, desmembrados, degollados e inclusive sacrificados a los que se les sacaba el corazón ¡en pleno campo de batalla! En otro momento le hubiera gustado caer en el sortilegio de la graciosa narrativa de Chencha y terminar por creerle sus mentiras, inclusive la de que a Pancho Villa le llevaban los corazones sangrantes de sus enemigos para que se los comiera, pero no ahora.

La mirada de Pedro le había hecho recuperar la confianza en el amor que éste le profesaba. Había pasado meses **envenenada** con la idea de que, o Pedro le había mentido el día de la boda al declararle su amor sólo para no hacerla sufrir, o que con el tiempo Pedro realmente se había enamorado de

Rosaura. Esta inseguridad había nacido cuando él, inexplicablemente, había dejado de festejarle sus platillos. Tita se esmeraba con angustia en cocinar cada día mejor. **Desesperada**, por las noches, obviamente después de tejer un buen tramo de su colcha, inventaba una nueva receta con la intención de recuperar la relación que entre ella y Pedro había surgido a través de la comida. De esta época de sufrimiento nacieron sus mejores recetas.

Y así como un poeta juega con las palabras, así ella jugaba a su antojo con los ingredientes y con las cantidades, obteniendo resultados fenomenales. Pero nada, todos sus esfuerzos eran en vano. No **lograba** arrancar de los labios de Pedro una sola palabra de aprobación. Lo que no sabía es que Mamá Elena le había "pedido" a Pedro que se abstuviera de elogiar la comida, pues Rosaura de por sí sufría de inseguridad, por estar gorda y deforme a causa de su **embarazo**, como para encima de todo tener que **soportar** los cumplidos que él le hacía a Tita so pretexto de lo delicioso que ella cocinaba.

Qué sola se sintió Tita en esa época. ¡Extrañaba tanto a Nacha! Odiaba a todos, inclusive a Pedro. Estaba convencida de que nunca volvería a querer a nadie mientras viviera. Claro que todas estas convicciones se **esfumaron** en cuanto recibió en sus propias manos al hijo de Rosaura.

Fue una mañana fría de marzo, ella estaba en el gallinero recogiendo los huevos que las gallinas acababan de poner, para utilizarlos en el desayuno. Algunos aún estaban calientes, así que se los metía bajo la blusa, pegándoselos al pecho, para mitigar el frío crónico que sufría y que últimamente se le había agudizado. Se había levantado antes que nadie, como de costumbre.

Pero hoy lo había hecho media hora antes de lo acostumbrado, para **empacar** una maleta con la ropa de Gertrudis. Quería **aprovechar** que Nicolás salía de viaje a recoger un ganado, para pedirle que por favor se la hiciera llegar a su hermana. Por supuesto, esto lo hacía a escondidas de su madre. Tita decidió enviársela pues no se le quitaba de la mente la idea de que Gertrudis seguía desnuda. Claro que Tita se negaba a aceptar como cierto que esto fuera porque el trabajo de su hermana en el **burdel** de la frontera así lo requería, sino más bien porque no tenía ropa que ponerse.

Rápidamente le dio a Nicolás la maleta con la ropa y un sobre con las **señas** del antro donde posiblemente encontraría a Gertrudis y regresó a hacerse cargo de sus labores.

De pronto escuchó a Pedro preparar la carretela. Le extrañó que lo hiciera a tan temprana hora, pero al ver la luz del sol se dio cuenta de que ya era tardísimo y que empacarle a Gertrudis, junto con su ropa, parte de su pasado, le había tomado más tiempo del que se había imaginado. No le fue fácil meter en la maleta el día en que hicieron su primera comunión las tres juntas. La vela, el libro y la foto afuera de la iglesia **cupieron** muy bien, pero no así el sabor de los tamales y del atole que Nacha les había preparado y que habían comido después en compañía de sus amigos y familiares. Cupieron los huesitos de chabacano de colores, pero no así las risas cuando jugaban con ellos en el patio de la escuela, ni la maestra Jovita, ni el columpio, ni el olor de su recámara, ni el del chocolate recién batido. Lo bueno es que tampoco cupieron las palizas y los regaños de Mamá Elena, pues Tita cerró muy fuerte la maleta antes de que se fueran a colar.

Salió al patio justo en el momento en que Pedro le gritaba buscándola con desesperación. Tenía que ir a Eagle Pass por el doctor Brown, que era el médico de la familia, y no la encontraba por ningún lado. Rosaura había empezado con los dolores del **parto**.

Pedro le encargó que por favor la atendiera mientras él volvía.

Tita era la única que podía hacerlo. En casa no quedaba nadie: Mamá Elena y Chencha ya se habían ido al mercado, con el propósito de abastecer la despensa pues esperaban el nacimiento de un momento a otro y no querían que faltara en casa ningún artículo que fuera indispensable en estos casos. No habían podido hacerlo antes pues la llegada de los federales y su peligrosa estancia en el pueblo se los había impedido. No supieron al salir que el arribo del niño **ocurriría** más pronto de lo que pensaban, pues en cuanto se fueron Rosaura había empezado con el trabajo de parto.

A Tita entonces no le quedó otra que ir al lado de su hermana para acompañarla, con la esperanza de que fuera por poco tiempo.

No tenía ningún interés en conocer al niño o niña o lo que fuera.

Pero lo que nunca se esperó es que a Pedro lo capturaran los federales injustamente impidiéndole llegar por el doctor y que Mamá Elena y Chencha no pudieran regresar a causa de una balacera que se entabló en el pueblo y que las obligó a refugiarse en casa de los Lobo, y que de esta manera la única presencia en el nacimiento de su sobrino fuera ella, ¡precisamente ella!

En las horas que pasó al lado de su hermana aprendió más que en todos los años de estudio en la escuela del pueblo. Renegó como nunca de sus maestros y de su mamá por no haberle dicho en ninguna ocasión lo que se tenía que hacer en un parto. De qué le servía en ese momento saber los nombres de los planetas y el manual de Carreño de pe a pa si su hermana estaba a punto de morir y ella no podía ayudarla. Rosaura había engordado 30 kilos durante el embarazo, lo cual dificultaba aún más su trabajo de parto como primeriza. Dejando de lado la excesiva gordura de su hermana, Tita notó que a Rosaura se le estaba hinchando descomunalmente el cuerpo. Primero fueron los pies y después la cara y manos. Tita le limpiaba el sudor de la frente y trataba de animarla, pero Rosaura parecía no escucharla.

Tita había visto nacer algunos animales, pero esas experiencias de nada le servían en estos momentos. En aquellas ocasiones sólo había estado de espectadora. Los animales sabían muy bien lo que tenían que hacer, en cambio ella no sabía nada de nada. Tenía preparadas sábanas, agua caliente y unas tijeras esterilizadas. Sabía que tenía que cortar el cordón umbilical, pero no sabía cómo ni cuándo ni a qué altura. Sabía que había que darle una serie de atenciones a la criatura en cuanto arribara a este mundo, pero no sabía cuáles. Lo único que sabía es que primero tenía que nacer, ¡y no tenía para cuándo! Tita se asomaba entre las piernas de su hermana con frecuencia y nada. Sólo un túnel obscuro, silencioso, profundo. Tita, arrodillada frente a Rosaura, con gran desesperación pidió a Nacha que la iluminara en estos momentos.

¡Si era posible que le dictara algunas recetas de cocina, también era posible que le ayudara en este difícil trance! Alguien tenía que asistir a Rosaura desde el más allá, porque los del más acá no tenían manera.

No supo por cuánto tiempo **rezó** de hinojos, pero cuando por fin despegó los párpados, el obscuro túnel de un momento a otro se transformó por completo en un río rojo, en un volcán impetuoso, en un desgarramiento de papel. La carne de su hermana se abría para dar paso a la vida. Tita no olvidaría nunca ese sonido ni la imagen de la cabeza de su sobrino saliendo triunfante de su lucha por vivir. No era una cabeza bella, más bien tenía forma de un piloncillo, debido a la presión a que sus huesos estuvieron sometidos por tantas horas. Pero a Tita le pareció la más hermosa de todas las que había visto en su vida.

El **llanto** del niño invadió todos los espacios vacíos dentro del corazón de Tita. Supo entonces que amaba nuevamente: a la vida, a ese niño, a Pedro, inclusive a su hermana, odiada por tanto tiempo. Tomó al niño entre sus manos, se lo llevó a Rosaura, y juntas lloraron un rato, abrazadas a él. Después, siguiendo las instrucciones que Nacha le daba al oído, supo perfectamente todos los pasos que tenía que seguir: cortar el cordón umbilical en el lugar y momento preciso, limpiar el cuerpo del niño con aceite de almendras dulces, **fajarle** el ombligo y vestirlo. Sin ningún problema supo cómo ponerle primero la camiseta y la camisa, luego el fajero en el ombligo, luego el pañal de manta de cielo, luego el de ojo de pájaro, luego la **franela** para cubrirle las piernas, luego la chambrita, luego los calcetines y los zapatos y, por último, utilizando una cobija de felpa le cruzó las manos sobre el pecho para que no se fuera a rasguñar la cara. Cuando por la noche llegaron Mamá Elena y Chencha acompañadas de los Lobo, se admiraron del profesional trabajo que Tita realizó. Envuelto como taco, el niño dormía tranquilamente.

Pedro no llegó con el doctor Brown hasta el día siguiente, después de que lo dejaron en libertad. Su retorno tranquilizó a todos.

Temían por su vida. Ahora sólo les quedaba la preocupación por la salud de Rosaura, que aún estaba muy delicada e hinchada. El doctor Brown la examinó exhaustivamente. Fue entonces que supieron lo **peligroso** que había estado el parto. Según el doctor, Rosaura sufrió un ataque de eclampsia que la pudo haber matado. Se mostró muy sorprendido de que Tita la hubiera asistido con tanto aplomo y decisión en condiciones tan poco favorables. Bueno, quién sabe qué le llamó más la atención, si el que Tita la hubiera atendido sola y sin tener ninguna experiencia o el descubrir de pronto que Tita, la niña dientona que él recordaba, se había transformado en una bellísima mujer sin que él lo hubiera notado.

Desde la muerte de su esposa, cinco años atrás, nunca había vuelto a sentirse atraído hacia ninguna mujer. El dolor de haber perdido a su cónyuge, prácticamente de recién casados, lo había dejado insensible para el amor todos estos años. Qué extraña sensación le producía el observar a Tita. Un **hormigueo** le recorría todo el cuerpo, despertando y activando sus dormidos sentidos. La observaba como si fuera la primera vez que lo hiciera. Qué agradables le parecían ahora sus dientes, habían tomado su verdadera proporción dentro de la armonía perfecta de las facciones finas y delicadas de su rostro.

La voz de Mamá Elena interrumpió sus pensamientos.

— Doctor, ¿no sería molesto para usted venir dos veces al día, hasta que mi hija salga del peligro?

— ¡Claro que no! En primera es mi obligación y en segunda es un placer frecuentar su agradable casa.

Fue verdaderamente una **fortuna** que Mamá Elena estuviera muy preocupada por la salud de Rosaura y no detectara el brillo de admiración que John tenía en la mirada mientras observaba a Tita, pues de haberlo hecho no le hubiera abierto tan confiadamente las puertas de su hogar.

Por ahora el doctor no le representaba ningún problema a Mamá Elena; lo único que la tenía muy preocupada era que Rosaura no tenía leche.

En el pueblo, afortunadamente, encontraron a una **nodriza** que se encargó de amamantar al niño. Era pariente de Nacha, acababa de tener su octavo hijo y aceptó con agrado el honor de alimentar al nieto de Mamá Elena. Durante un mes lo hizo de maravilla, hasta que una mañana, cuando se dirigía al pueblo a visitar a su familia, fue alcanzada por una bala perdida que se escapó de una balacera entre rebeldes y federales y la hirió de muerte. Uno de sus parientes llegó a dar la noticia al rancho, justamente cuando Tita y Chencha estaban mezclando en una olla de barro grande todos los ingredientes del mole.

Éste es el último paso y se realiza cuando ya se tienen todos los ingredientes molidos tal y como se indicó. Se mezclan en una olla, se le añaden las piezas del guajolote, las tablillas de chocolate y azúcar al gusto. En cuanto espesa, se retira del fuego.

Tita terminó sola de preparar el mole, pues Chencha, en cuanto supo la noticia, se fue inmediatamente al pueblo a tratar de conseguir otra nodriza para su sobrino. Regresó hasta la noche y sin haberlo logrado. El bebé lloraba exasperado. Trataron de darle leche de vaca y la rechazó. Tita trató entonces de darle té, tal y como Nacha lo había hecho con ella pero fue inútil: el niño igualmente lo rechazó. Se le ocurrió ponerse el rebozo que Lupita la nodriza había dejado olvidado, pensando que el niño se tranquilizaría al percibir el olor familiar que éste despedía, pero por el contrario, el niño lloró con más fuerza, pues ese olor le indicaba que ya pronto recibiría su alimento y no comprendía el motivo de su retraso. Buscaba desesperado su leche entre los senos de Tita. Si hay algo en la vida que Tita no resistía era que una persona hambrienta le pidiera comida y que ella no pudiera dársela. Le **provocaba** mucha angustia. Y sin poderse contener por más tiempo, Tita se abrió la blusa y le ofreció al niño su pecho. Sabía que estaba completamente seco, pero al menos le serviría de chupón y lo mantendría ocupado mientras ella decidía qué hacer para calmarle el hambre.

El niño se pescó del pezón con desesperación y succionó y succionó, con fuerza tan descomunal que logró sacarle leche a Tita. Cuando ella vio que el niño recuperaba poco a poco la tranquilidad en su rostro y lo escuchó deglutir sospechó que algo extraño estaba pasando. ¿Sería posible que el niño se estuviera alimentando de ella? Para comprobarlo, separó al niño de su pecho y vio cómo le brotaba un chisguete de leche. Tita no alcanzaba a comprender lo que sucedía. No era posible que una mujer soltera tuviera leche, se trataba de un hecho sobrenatural y sin explicación en esos tiempos. En cuanto el niño sintió que lo separaban de su alimento empezó a llorar nuevamente. Tita, de inmediato lo dejó que se pescara a ella, hasta que **sació** por completo su hambre y se quedó plácidamente dormido, como un bendito. Estaba tan absorta en la contemplación del niño que no sintió cuando Pedro entró a la cocina. Tita era en ese momento la misma Ceres personificada, la diosa de la alimentación en pleno.

Pedro no se sorprendió en lo más mínimo ni necesitó recibir una explicación. Embelesado y sonriente, se acercó a ellos, se inclinó y le dio un beso a Tita en la frente. Tita le quitó al niño el pecho, ya estaba satisfecho. Entonces los ojos de Pedro contemplaron realmente lo que ya antes habían visto a través de la ropa: los senos de Tita.

Tita intentó cubrirse con la blusa, Pedro la ayudó en silencio y con gran ternura. Al hacerlo, una serie de sentimientos encontrados se apoderaron de ellos: amor, deseo, ternura, lujuria, vergüenza. . .temor de verse descubiertos. El sonido de los pasos de Mamá Elena sobre la duela de madera les advirtieron oportunamente del peligro. Tita alcanzó a ajustarse correctamente la blusa y Pedro a tomar distancia de ella antes de que Mamá Elena entrara a la cocina. De tal manera que cuando abrió la puerta no pudo encontrar, dentro de lo que las normas sociales permiten, nada de qué preocuparse. Pedro y Tita aparentaban gran serenidad.

Sin embargo, algo olió en el ambiente que la hizo agudizar todos sus sentidos y tratar de descubrir qué era lo que la inquietaba.

— Tita, ¿qué pasa con ese niño? ¿Lograste hacerlo comer?

— Sí, mami, tomó su té y se durmió.

— ¡Bendito sea Dios! Entonces, Pedro, ¿qué esperas para llevar al niño con tu mujer? Los niños no deben estar lejos de su madre.

Pedro salió con el niño en brazos. Mamá Elena no dejaba de observar detenidamente a Tita, había en sus ojos un destello de turbación que no le gustaba para nada.

— ¿Ya está listo el **champurrado** para tu hermana?

— Ya mami.

— Dámelo para que se lo lleve, necesita tomarlo día y noche, para que le baje la leche.

Pero por más champurrado que tomó, nunca le bajó la leche. En cambio Tita tuvo desde ese día leche suficiente como para alimentar no sólo a Roberto sino a otros dos niños más, si así lo hubiera deseado. Como Rosaura estuvo delicada algunos días, a nadie le extrañó que Tita se encargara de darle de comer a su sobrino; lo que nunca descubrieron fue la manera en que lo hacía, pues Tita, con la ayuda de Pedro, puso mucho cuidado en que nadie la viera.

El niño, por tanto, en lugar de ser motivo de separación entre ambos, terminó por unirlos más. Tal parecía que la madre del niño era Tita y no Rosaura. Ella así lo sentía y lo demostraba. El día del bautizo, ¡con qué orgullo cargaba a su sobrino y lo mostraba a todos los invitados! Rosaura no pudo estar presente más que en la iglesia pues aún se sentía mal. Tita entonces tomó su lugar en el banquete.

El doctor Brown miraba a Tita embelesado. No le podía quitar los ojos de encima. John había asistido al bautizo sólo para ver si podía conversar con ella a solas. A pesar de que se veían a diario durante las visitas médicas que John le hacía a Rosaura, no habían tenido la oportunidad de platicar libremente y sin ninguna otra persona presente. Aprovechando que Tita caminaba cerca de la mesa donde él se encontraba, se levantó y se le acercó con el pretexto de ver al niño.

— ¡Qué bien se ve este niño, al lado de una tía tan bella!

— Gracias doctor.

— Eso que no es su propio hijo, ya me imagino lo bonita que se va a ver cuando el niño que cargue sea el suyo.

Una nube de tristeza cruzó por el semblante de Tita. John la detectó y dijo:

— Perdón, parece que dije algo incorrecto.

— No, no es eso. Lo que pasa es que yo no me puedo casar, ni tener hijos, porque tengo que cuidar a mi mamá hasta que muera.

— ¡Pero cómo! Eso es una tontería.

— Pero así es. Ahora le ruego me disculpe, voy a atender a mis invitados.

Tita se alejó rápidamente, dejando a John completamente desconcertado. Ella también lo estaba, pero se recuperó de inmediato al sentir en sus brazos a Roberto. Qué le importaba su destino mientras pudiera tener cerca a ese niño, que era más suyo que de nadie. Realmente ella ejercía el puesto de madre sin el título oficial. Pedro y Roberto le pertenecían y ella no necesitaba nada más en la vida.

Tita estaba tan feliz que no se dio cuenta de que su madre, lo mismo que John, aunque por otra razón, no la perdía de vista un solo instante. Estaba convencida de que algo se traían entre manos Tita y Pedro. Tratando de descubrirlo, ni siquiera comió y estaba tan concentrada en su **labor** de vigilancia, que le pasó desapercibido el éxito de la fiesta. Todos estuvieron de acuerdo en que gran parte del mismo se debía a Tita, ¡el mole que había preparado estaba delicioso! Ella no paraba de recibir felicitaciones por sus méritos como cocinera y todos querían saber cuál era su secreto. Fue verdaderamente lamentable que en el momento en que Tita respondía a esta pregunta diciendo que su secreto era que había preparado el mole con mucho amor, Pedro estuviera cerca y los dos se miraran por una fracción de segundo con complicidad recordando el momento en que Tita molía en el metate, pues la vista de águila de Mamá Elena, a 20 metros de distancia, detectó el destello y le molestó profundamente.

Entre todos los invitados ella era realmente la única molesta, pues curiosamente, después de comer el mole, todos habían entrado en un estado de euforia que los hizo tener reacciones de alegría poco comunes. Reían y **alborotaban** como nunca lo habían hecho y pasaría bastante tiempo antes de que lo volvieran a hacer. La lucha revolucionaria amenazaba con acarrear hambre y muerte por doquier. Pero en esos momentos parecía que todos trataban de olvidar que en el pueblo había muchos balazos.

La única que no perdió la compostura fue Mamá Elena, que estaba muy ocupada en buscar una solución a su resquemor, y aprovechando un momento en que Tita estaba lo suficientemente cerca como para no perder una sola de las palabras que ella pronunciara, le comentó al padre Ignacio en voz alta:

— Por como se están presentando las cosas padre, me preocupa que un día mi hija Rosaura necesite un médico y no lo podamos traer, como el día en que dio a luz. Creo que lo más conveniente sería en cuanto tenga más fuerzas se vaya junto con su esposo y su hijito a vivir a San Antonio, Texas, con mi primo. Ahí tendrá mejor atención médica.

— Yo no opino lo mismo doña Elena, precisamente por como está la situación política, usted necesita de un hombre en casa que la defienda.

— Nunca lo he necesitado para nada, sola he podido con el rancho y con mis hijas. Los hombres no son tan importantes para vivir, padre —recalcó—. Ni la revolución es tan peligrosa como la pintan, ¡peor es el chile y el agua lejos!

— ¡No, pues eso sí! —respondió riéndose—. ¡Ah, qué doña Elena! Siempre tan ocurrente. Y, dígame, ¿ya pensó dónde trabajaría Pedro en San Antonio?

— Puede entrar a trabajar como **contador** en la compañía de mi primo, no tendrá problema, pues habla el inglés a la perfección.

Las palabras que Tita escuchó resonaron como cañonazos dentro de su cerebro. No podía permitir que esto pasara. No era posible que ahora le quitaran al niño. Tenía que impedirlo a como diera lugar. Por lo pronto, Mamá Elena logró arruinarle la fiesta. La primera fiesta que gozaba en su vida.

GLOSARIO

ajonjolí: planta herbácea; semillas de sésamo
alborotaban (alborotar): inquietar
alcanzaba(alcanzar): llegar
almendras: fruto seco, almendruco
aprovechar: emplear útilmente una cosa
bautizo: ceremonia religiosa en que se le da el nombre al bebé
burdel: lugar de prostitución
contador: el que lleva las cuentas en un negocio
cupieron (caber): pudieron meterse dentro de la maleta
champurrado: bebida

desesperada: sin esperanza

embarazo: tiempo en que una mujer está encinta

empacar: preparar las maletas

envenenada: llena el alma con el veneno

esfumaron (esfumar): desaparecer

fajar: envolver en una tela

fortuna: suerte

franela: tejido de algodón o lana

fundieron (fundir): unirse

guajolote: párajo grande, muy típico para la comida del Día de Acción de Gracias en los EE.UU.

hormigueo: sensación que producen las hormigas (insectos), cosquilleo

labor: trabajo

lograr: conseguir un deseo

llanto: acción de llorar

llorona: mujer que llora mucho

mole: salsa tradicional mexicana, hecha con chocolate y cacahuates

muelen (moler): reducir una cantidad de comida a partes pequeñas o polvo

nodriza: mujer que da de mamar al bebé

ocurrir: pasar

parto: acción de dar a luz

pecho: parte del cuerpo entre el cuello y la cintura, seno, busto

peligroso: de mucho riesgo

provocaba (provocar): intentar una acción por otra persona

rezó (rezar): dar oración en la iglesia

sació (saciar): estar satisfecho/a

señas: dirección

soportar: tolerar, aguantar

tuestan (tostar): cocinar en un sartén sin aceite

vajilla: vaso pequeño

Después de leer

Después de acabar la lectura, prepárate para realizar la tarea individual y la que te tocará llevar a cabo con los demás miembros de la comunidad.

Interpretaciones y análisis

A. Tarea invdividual

1. Escribe los elementos fundamentales de la lectura, contestando las preguntas correspondientes a cada elemento.
2. Escribe un resumen del cuento en tres o cuatro oraciones. Los que resumen y los expertos del lenguaje van a ayudarnos, después, a entender bien la lectura.

3. Escribe las palabras o cláusulas que subrayaste al leer que ofrecen información sobre Tita. ¿Por qué te parecen clave?

4. Piensa de nuevo en el título de la novela, *Como agua para chocolate*, y en la relación entre la cocina y el argumento. ¿Cómo describes esta relación?

5. Prepara unas preguntas analíticas de esta lectura, siguiendo la estrategia anterior. Debes desarrollar una pregunta de hecho, otra pregunta de interpretación y otra de evaluación.

B. Miembros de la comunidad

Los que resumen: Comparen los distintos resúmenes. ¿Existen semejanzas o no? Apunten los hilos comunes en la pizarra. También pueden mencionar ideas únicas que no salieron en el trabajo en común. Presenten un resumen colectivo a la comunidad.

Los expertos del lenguaje: Hay dos tipos de lenguage en esta lectura, el lenguage que representa la preparación de mole y el lenguage que representa el hilo del argumento que transcurre entre los personajes. Presenten algunas palabras clave de los dos tipos y preparen una explicación de por qué son esenciales en la lectura. También exploren la interconexión entre los dos.

Los biógrafos y *los historiadores*: Estén listos para ampliar sus presentaciones iniciales y contestar preguntas sobre la autora y su época.

Los intérpretes: Expongan las ideas principales del texto. ¿Cuáles son los temas? Preparen una interpretación —o más— sobre las posibles relaciones entre a) la preparación de la comida, b) los papeles tradicionales, y c) la acción entre los personajes.

C. Discusión adicional

Los moderadores facilitan el análisis a la clase y tienen preparadas las preguntas de interpretación para su propia comunidad.

1. Cada grupo ahora presenta su información a la clase, empezando con su versión del resumen y de los temas. Los que resumen pueden clarificar cualquier confusión.

2. Comparen algunas palabras clave de los grupos. ¿Qué efecto confieren al texto? Los expertos del lenguage pueden explicar su selección de palabras.

3. Exploren también la relación entre la presentación de la receta, la preparación de la comida y el desarrollo del argumento. ¿Notan algunos ejemplos de lenguaje que reflejen apropiadamente esta relación?

4 Sigan una conversación basada en las preguntas de interpretación. Cada grupo puede escribir su pregunta en la pizarra y después la clase entera puede explorarla. ¿Hay semejanzas entre las preguntas? ¿Cómo comparan la relación de Tita con su madre, o con Pedro, o con sus hermanas? ¿Cómo imaginan los papeles tradicionales de las

mujeres y los hombres? La lectura se inicia con una receta de cocina y las recetas sirven de guía a la hora de confeccionar una comida. ¿Cómo funciona la receta en este capítulo? ¿Sirve de guía para los lectores?

Modelo 2: Reseña de Como agua para chocolate de James Berardinelli

Esta historia de tres hermanas y su opresora madre se sitúa a comienzos del siglo XX, en un pequeño rancho en México. Tita (Lumi Cavazos) es la menor de las hijas de Mamá Elena (Regina Torne) y como tal, y debido a una tradición familiar, no se puede casar o tener hijos hasta que su madre muera. Tita está conforme con esa tradición hasta que se enamora de Pedro (Marco Leonardi). Cuando Pedro se entera de que no se puede casar con Tita, decide casarse con su hermana mayor, Rosaura (Yareli Arizmendi), pensando que así tendrá la oportunidad de estar más cerca de su verdadero amor.

El título de la película es verdaderamente poco común, *Como agua para chocolate,* pero encaja perfectamente con su propósito. Simboliza el punto en el que el agua hirviendo se mezcla con el chocolate a modo de pasión. Jugando con una fantasía surrealista las escenas se suceden a modo de conjuro mágico hasta la inesperada conclusión.

Aunque están presentes muchos temas, el de la muerte es el que prevalece. En *Como agua para chocolate* es muy visible el uso del humor. El director, Alfonso Arau, deja aflorar en los personajes emociones muy fuertes, pero no deja que dominen el argumento.

La película tiene que ver con el deseo, el amor y la rebelión. Todos estos temas van cambiando a lo largo de la película, enfocándose en que ante el verdadero amor no se puede volver hacia atrás. La comida figura en la mayoría de las escenas en la preparación de algún plato. Algunas de las escenas más bonitas tienen que ver con la comida.

Como agua para chocolate es una de las mejores películas mexicanas de los últimos años con cierto toque erótico. Desafortunadamente el fin de la película nos deja con un mal sabor de boca.

PASO 2   ESCRIBIR POR MODELOS

La argumentación: La reseña

La primera forma de argumentación que estudiamos es la reseña. La reseña consiste en un análisis crítico de los aspectos positivos y negativos de una obra. Puesto que la reseña incorpora elementos de la descripción y de la narración—a menudo en forma de resumen de los elementos fundamentales de la obra antes de ofrecer un análisis de éstos—, sirve de buena introducción al mundo de la argumentación. En los capítulos que siguen estudiaremos otros modelos de argumentación, especialmente el del crítico literario.

Estrategias del proceso: Selección del tiempo verbal

Las lecturas de este capítulo revelan el uso consciente de los tiempos verbales. Los tiempos cumplen un papel gramatical y otro estilístico. A primera vista, quizás pensemos que el tiempo verbal sólo sirve para indicar cuándo ocurre un suceso, o sea, dar un mapa objetivo de la acción. Pero ya sabemos que la selección de los tiempos verbales también influye en el tono y en la interpretación del texto. El tiempo presente ubica al lector más cerca de la acción, creando cierta proximidad entre personajes, acción y lector. El tiempo pasado, en cambio, establece una distancia; ya han ocurrido los sucesos y el lector recibe las noticias de lo que sucedió.

Como escritores, tenemos el poder de decidir qué tiempo usar para presentar los detalles según nuestras metas. Debemos ser conscientes del tiempo que elegimos:

1. La primera obligación es mantener cierta coherencia con los tiempos.
2. Una vez elegido el tiempo principal, debes decidir si deseas mantenerlo a lo largo de la escritura o no. Como hizo el autor en "El corrido de Gregorio Cortez", la utilización del presente añade otro matiz a la interpretación. Relee la reseña presentada aquí como ejemplo.
3. Por último, al redactar los borradores, repasa el uso de los tiempos verbales para asegurarte de que el efecto final sea el deseado.

En la descripción y la narración, hay muchas posibilidades a la hora de presentar la acción. Al argumentar, se piensa que los críticos, como los reporteros, normalmente optan por una presentación objetiva, describiendo los hechos en forma pasada. ¿Es verdad o no? Al escribir el borrador, presta atención al tiempo que te parezca más apropiado para desarrollar la reseña.

Estrategias para escribir: Los pasos al escribir una reseña

Una buena reseña conlleva los siguientes requisitos:

1. *Conocer bien el contenido:* Lo principal al hacer una reseña es entender los elementos de un texto (tiempo, personajes, trama, tema, contexto). En una reseña se representan los hechos de manera objetiva. Una vez relatado el contenido (el qué de la obra), pasamos a evaluar el estilo y la presentación (el cómo de la obra).
2. *Entender bien el contexto de la obra:* Una reseña también es más creíble si el crítico conoce bien el campo, o por lo menos, se defiende en una discusión sobre el tema. Es importante conocer el vocabulario asociado al tema.
3. *Ganarse a los lectores:* Muchas veces, el crítico empieza su reseña con los hechos menos discutibles para ganarse la confianza del lector. Recuerda que el propósito es persuadir a éste sobre un punto de vista. Por lo tanto, es más fácil empezar con ideas sencillas y luego dirigirse a las ideas más controvertidas.

4. *Exponer buenos puntos de apoyo de cualquier opinión:* Una vez realizada la evaluación de la obra, hay que incluir ideas que apoyan dicha opinión. Muchas veces, la reseña incluye puntos positivos y negativos de la obra, presentados de forma neutral, para concluir con la opinión categórica del autor.

Práctica

1. Vuelve a leer la reseña de Berardinelli. Fíjate en qué medida la reseña cumple con los requisitos anteriores. ¿Cómo presenta los hechos? ¿Cómo se desarrolla la reseña desde la presentación de hechos objetivos hacia la formulación de una opinión subjetiva? ¿Qué elementos utiliza para ganarse la confianza de los lectores?
2. Piensa en una obra de arte, de literatura o de cine. Sigue los pasos mencionados arriba para crear un boceto de una reseña. Comparte tu trabajo con la clase y pide ayuda para ampliar tu bosquejo.

PASO 3   CREAR NUESTRO MODELO

Teniendo presente las técnicas que emplean los buenos críticos, escribe una obra crítica. Evita presentar simplemente un resumen; concéntrate en incluir sólo lo esencial del contenido. Lo ideal es ofrecer una opinión informada basada en los hechos, pero de una forma lógica. El propósito es convencer al lector de tu opinión a fin de que tome una decisión basada en tu información, teniendo en cuenta su perspectiva sobre la obra. Escoge entre los siguientes temas:

1. *La reseña:* Prepara una reseña sobre uno de los siguientes ejemplos: película, libro, programa de televisión.
2. *¿Libro o película?* Prepara una crítica en la que compares este capítulo de *Como agua para chocolate* con la película basada en la novela.

Estrategias para editar: Distinguir entre el resumen, la crítica y la opinión

¿Cuál es la diferencia entre el resumen, la crítica y la opinión? Es una pregunta importantísima para nosotros, puesto que la argumentación puede incluir los tres elementos. Sin embargo, los tres no son sinónimos y es necesario que los críticos los conozcan y los utilicen según su función.

Un resumen es una recapitulación concisa de la trama; presenta el tema, la tesis y el argumento de la obra; no incluye ninguna evaluación de la obra. La crítica, como el resumen, presenta información sobre la obra, respecto al contenido y los temas; también incluye una evaluación del producto. Si el resumen ofrece el "qué" de la obra, la crítica ofrece el "cómo" además del "qué". La opinión consiste en la evaluación personal de una obra. Puede basarse en el resumen y la crítica. Los tres caben dentro del proceso de la escritura, especialmente en las reseñas. El crítico ofrece un análisis estudiado y comprensivo, en vez de una mera opinión. En el Manual presentamos dos modelos estudiantiles que nos sirven para estudiar la importancia de los tres y para explorar las distintas maneras de incorporarlos al redactar nuestros borradores.

CLAVES DE LA COMPOSICIÓN: USAR UN LENGUAJE ESPECÍFICO; EVITAR LAS GENERALIZACIONES

Las reseñas y los argumentos defendibles dependen tanto del estilo como del contenido. El material debe ser presentado de forma lógica y directa para que el lector siga fácilmente el hilo del argumento. Ganarse la confianza del lector requiere el uso de un lenguaje enfático, seguro y preciso. Se debe evitar el uso de generalizaciones.

Toda oración dentro de un párrafo debe estar ligada a la oración temática del mismo y debe tener un propósito, porque las oraciones con ideas generales comunican poco y malgastan la energía del lector. Una generalización es una oración que se refiere al mundo universal, que trata de una idea común y sabida. Veamos estos modelos:

Generalización: Las películas son interesantes e importantes.
Idea específica: Las películas de hoy en día muestran los avances tecnológicos en términos del sonido estereofónico, la cinematografía y la animación.

Generalización: Todos deben mantener una vida sana.
Idea específica: Seguir un régimen sin mucha grasa y hacer ejercicio habitualmente sirven para mantener la salud del corazón y del cuerpo.

Toda oración que no añada nueva información ni apoye el argumento deber ser corregida u omitida por completo.

Práctica

Convierte estas generalizaciones en oraciones con un próposito específico.

- **a.** La música es muy importante en la vida.
- **b.** Los coches son útiles en el mundo actual.
- **c.** El papel de los padres en la vida de los niños debe recibir mayor atención.
- **d.** El malgasto energético daña el medioambiente.
- **e.** Los juegos de video ofrecen muchos beneficios a las personas de cualquier edad.

Redactar nuestro modelo y la lista de verificación.

Ahora te toca echar un vistazo a tu propia obra. Presta atención al modelo de escritor crítico. Piensa en la diferencia entre resumen, crítica y opinión al evaluar y redactar el borrador.

¡OJO! Lista de verificación:

1. ____He hecho una escritura libre y varios borradores, con un título y una primera oración apropiados.

2. ____He generado una tesis clara del tema, utilizando ideas de apoyo y una perspectiva clara.

3. ____He prestado atención al uso de los tiempos verbales y a la utilización de un lenguaje descriptivo, preciso y conciso.

4. ____He prestado atención a la división de párrafos, el uso de transiciones y el efecto de la introducción y la conclusión.

5. ____Pensando en la clave editorial, he prestado atención a los aspectos de la organización, el estilo y la gramática.

CAPÍTULO

6

Escritor cuentista

De niño, ¿te gustaba que te contasen un cuento? ¿Hay niños a tu alrededor ahora (hijos, sobrinos, hijos de vecinos) a quienes les lees cuentos? Cuando les relatas un suceso o les cuentas chistes, ¿utilizas ciertas estrategias para narrar de una forma dramática y comprensiva? Pensemos en el modelo del cuentista; ¿qué recursos emplea para darle vida a un acontecimiento? Existen hechos que nos vemos obligados a incluir, igual que le sucede al reportero. También encarnamos el papel de pintor al decidir en cada momento lo que vamos a incluir y excluir. Pero el cuentista hace algo más: sabe mezclar el lenguaje descriptivo y dinámico al presentar un acontecimiento. Además, también tiene que conocer bien todos los elementos literarios y los aspectos cruciales de los personajes, para ser fiel en su presentación.

Vamos a integrar todo lo que hemos aprendido de la descripción y la narración para empezar una crítica literaria. El análisis literario consiste en evaluar las técnicas literarias empleadas y las figuras retóricas dentro del texto estudiando la obra dentro de su contexto cultural y literario y poniéndola en relación con otras del mismo género y de otras épocas.

PASO 1   LEER POR MODELOS

Estrategias de lectura: Identificar las técnicas literarias

Hemos venido estudiando maneras de leer con ojo crítico: identificar los elementos fundamentales del texto, analizándolos e interpretándolos, individualmente y en grupo. Además de realizar una lectura y un resumen crítico, estudiamos cómo realizar una *crítica literaria*. También aprendimos a reconocer técnicas literarias que nos ayuden tanto en el análisis y la evaluación del texto como en la presentación y el estilo que hemos de usar en nuestra escritura.

Ya hemos estudiado varias técnicas como la comparación, la metáfora y el símil. Ahora nos enfocamos en otras técnicas literarias, basadas en recursos del lenguaje y en aspectos del argumento.

Recursos del lenguaje

La analogía: comparar dos cosas que son semejantes.

La metáfora: comparar de forma implícita dos elementos que no parecen semejantes.

El símil: comparar de forma explícita dos elementos no semejantes, con una palabra que conecta dos ideas, por ejemplo "como".

Las imágenes: tipo de lenguaje figurado que evoca los sentidos, especialmente lo visual.

Lenguaje vulgar: uso del lenguaje coloquial, de la calle.

La hipérbole: uso de la exageración.

La ironía: uso del lenguage cuyo significado contradice lo esperado.

La sátira: uso del lenguaje fuerte o cómico para criticar algún aspecto.

El simbolismo: uso de un objeto concreto, o imagen, como un concepto abstracto.

El contraste: destacar las diferencias entre dos cosas aparentemente parecidas.

La repetición: repetir una frase o idea para enfatizarla.

La incertidumbre: falta de certeza o conocimiento sobre el desenlace; el suspenso.

Aspectos del argumento

El/la protagonista: personaje principal.

El/la antagonista: personaje que provoca un conflicto.

El prototipo: personaje que representa un tipo de persona bien conocido.

El conflicto: el asunto principal de la trama.

La acción creciente: cómo se desarrolla el conflicto.

El clímax: el punto culminante.

El desenlace: la resolución: el modo en que el conflicto se soluciona, después del clímax.

El presagio: un indicio de lo que va a pasar más adelante.

La retrospección: volver a examinar lo que ya ocurrió.

Al leer una obra literaria, debemos identificar las técnicas utilizadas por el autor y la razón de su uso. La existencia o la ausencia de una técnica puede revelarnos mucho. Explorar la lectura de forma analítica es la mejor manera de entender los niveles más sutiles de un texto.

Práctica

En parejas, repasa la lista de técnicas mencionadas. ¿Cuáles de estas técnicas te resultan conocidas? ¿Puedes ofrecer un ejemplo sacado de alguna lectura que refleje cada técnica? Al pensar en los ensayos que has escrito para este curso, ¿has incorporado algunas de estas técnicas?

Modelo: Gabriel García Márquez, "Un día de estos"

¡A TRABAJAR, COMUNIDAD DE LECTORES!

Moderadores:

Trabajen con el/la instructor/a para asignar los miembros de la comunidad. Ya todos deben haber participado como los seis miembros de la comunidad.

Plan sugerido para esta lectura:

Formar tres tipos de grupos: (1) los expertos del lenguaje y los biógrafos, (2) los que resumen y los historiadores y (3) los moderadores y los intérpretes. Cada grupo va a cumplir con un papel particular iniciando la discusión después de la lectura.

Biógrafos:

Estudien la vida de Gabriel García Márquez y la influencia de sus obras. Por ejemplo, una influencia clave es la de sus años juveniles y las relaciones con sus mayores. También busquen y compartan el discurso pronunciado al recibir el Premio Nobel. El discurso ejemplifica sus perspectivas sobre Latinoamérica.

Otra manera de acercarnos a la crítica literaria es investigar lo que han escrito otros sobre cierto escritor como figura histórica, literaria y política. En este paso debemos conseguir una evaluación crítica por encima de la información biográfica. Al final del capítulo aparecen algunas fuentes para el estudio crítico de García Márquez.

Historiadores:

Investiguen algo sobre Colombia: la geografía, la historia, la economía y los asuntos políticos y sociales. Busquen datos sobre la situación histórica de Colombia en la segunda mitad del siglo XX y sobre las guerras civiles que trastornaron al país.

Antes de leer: una discusión preliminar

Uno de los escritores más reconocidos del "boom" latinoamericano es Gabriel García Márquez (1927–). Empezó su carrera literaria como periodista y muchos de sus textos periodísticos se hallan en la colección de *Textos costeños*. Pasó sus años juveniles en el puerto caribeño de Cartagena. Vivió con sus abuelos, de quienes escuchó historias maravillosas. Ganador en el año 1982 del Premio Nobel de literatura, García Márquez ha seguido escribiendo desde entonces, tanto obras de ficción como artículos periodísticos.

En "Un día de estos", Márquez presenta una escena llena de tensión entre dos hombres que no quieren verse. Al pertenecer a distintos grupos socio-políticos, los dos personajes representan dos perspectivas distintas. Sin embargo, se encuentran juntos en una situación inesperada y la resolución del cuento nos ofrece una mirada tanto a las necesidades personales de ambos individuos como a las relaciones sociales.

Práctica preparatoria

1. Fíjense en el título. ¿Qué significa? ¿Qué anticipa del cuento?
2. Toda la acción de la historia ocurre en el gabinete del dentista. A la exhaustiva descripción del gabinete, se le añade una brevísima referencia al ambiente exterior. Al leer, piensa en el significado de estas descripciones y su impacto en el tono del cuento.
3. Este cuento trata de la relación entre dos hombres. Presta atención a los intercambios entre ellos. Al leer, intenta escribir una descripción del carácter de cada personaje. ¿Cómo se explica la tensión palpitante entre los dos hombres?

Un día de estos

El lunes amaneció tibio y sin lluvia. Don Aurelio Escobar, dentista **sin título** y buen madrugador, abrió su gabinete a las seis. Sacó de la vidriera una **dentadura postiza** montada aún en el molde de yeso y puso sobre la mesa un puñado de instrumentos que ordenó de mayor a menor, como en una exposición. Llevaba una camisa a rayas, sin cuello, cerrada arriba con un botón dorado, y los pantalones sostenidos con cargadores elásticos. Era rígido, enjuto, con una mirada que raras veces correspondía a la situación, como la mirada de los sordos. Cuando tuvo las cosas dispuestas sobre la mesa rodó la fresa hacia el sillón de resortes y se sentó a pulir la dentadura postiza. Parecía no pensar en lo que hacía, pero trabajaba con obstinación, pedaleando en la fresa incluso cuando no se servía de ella. Después de las ocho hizo una pausa para mirar el cielo por la ventana y vio dos **gallinazos pensativos** que se secaban al sol en el caballete de la casa vecina. Siguió trabajando con la idea de que antes del almuerzo volvería a llover. La voz destemplada de su hijo de once años lo sacó de su abstracción.

— Papá.

— Qué.

— Dice el alcalde que si le sacas una muela.

— Dile que no estoy aquí.

Estaba puliendo un diente de oro. Lo retiró a la distancia del brazo y lo examinó con los ojos a medio cerrar. En la salita de espera volvió a gritar su hijo.

— Dice que sí estás porque te está oyendo.

El dentista siguió examinando el diente. Sólo cuando lo puso en la mesa con los trabajos terminados, dijo:

— Mejor.

Volvió a operar la fresa. De una cajita de cartón donde guardaba las cosas por hacer, sacó un puente de varias piezas y empezó a pulir el oro.

— Papá.

— Qué.

Aún no había cambiado de expresión.

— Dice que si no le sacas la muela te pega un tiro.

Sin apresurarse, con un movimiento extremadamente tranquilo, dejó de pedalear en la fresa, la retiró del sillón y abrió por completo la **gaveta** inferior de la mesa. Allí estaba el revólver.

— Bueno —dijo—. Dile que venga a pegármelo.

Hizo girar el sillón hasta quedar de frente a la puerta, la mano apoyada en el borde de la gaveta. El alcalde apareció en el umbral. Se había afeitado la mejilla izquierda, pero en la otra, **hinchada** y dolorida, tenía una barba de cinco días. El dentista vio en sus ojos marchitos muchas noches de desesperación. Cerró la gaveta con la punta de los dedos y dijo suavemente:

— Siéntese.

— Buenos días —dijo el alcalde.

— Buenos —dijo el dentista.

Mientras hervían los instrumentales, el alcalde apoyó el cráneo en el cabezal de la silla y se sintió mejor. Respiraba un olor glacial. Era un gabinete pobre: una vieja silla de madera, la fresa de pedal y una vidriera con pomos de loza. Frente a la silla, una ventana con un cancel de tela hasta la altura de un hombre. Cuando sintió que el dentista se acercaba, el alcalde afirmó los talones y abrió la boca.

Don Aurelio Escobar le movió la cara hacia la luz. Después de observar la **muela** dañada, ajustó la mandíbula con una cautelosa presión de los dedos.

— Tiene que ser sin anestesia —dijo.

— ¿Por qué?

— Porque tiene un absceso.

El alcalde lo miró en los ojos.

— Está bien —dijo, y trató de sonreir.

El dentista no le correspondió. Llevó a la mesa de trabajo la cacerola con los instrumentos hervidos y los sacó del agua con unas pinzas frías, todavía sin apresurarse. Después rodó la escupidera con la punta del zapato y fue a lavarse las manos en el aguamanil. Hizo todo sin mirar al alcalde. Pero el alcalde no lo perdió de vista.

Era un **cordal** inferior. El dentista abrió las piernas y apretó la muela con el gatillo caliente. El alcalde se aferró a las barras de la silla, descargó toda su fuerza en los pies y sintió un vacío helado en los riñones, pero no soltó un suspiro. El dentista sólo movió la muñeca. Sin rencor, más bien con una amarga ternura, dijo:

— Aquí nos paga veinte muertos, **teniente.**

El alcalde sintió un crujido de huesos en la mandíbula y sus ojos se llenaron de lágrimas. Pero no suspiró hasta que no sintió salir la muela. Entonces la vio a través de las lágrimas. Le pareció tan extraña a su dolor, que no pudo entender la tortura de sus cinco noches anteriores. Inclinado sobre la escupidera, sudoroso, jadeante, se desabotonó la guerrera y buscó a tientas el pañuelo en el bolsillo del pantalón. El dentista le dio un trapo limpio.

— Séquese las lágrimas —dijo.

El alcalde lo hizo. Estaba temblando. Mientras el dentista se lavaba las manos, vio el cielorraso desfondado y una telaraña polvorienta con huevos de araña e insectos muertos. El dentista regresó secándose las manos.

— Acuéstese —dijo— y haga buches de agua de sal.

El alcalde se puso de pie, se despidió con un displicente **saludo** militar, y se dirigió a la puerta estirando las piernas, sin abotonarse la guerrera.

— Me pasa la cuenta —dijo.

— ¿A usted o al municipio?

El alcalde no lo miró. Cerró la puerta, y dijo, a través de la red metálica.

— Es la misma **vaina.**

GLOSARIO

cordal: muela del juicio
dentadura postiza: dientes falsos
gallinazos pensativos: pájaros grandes que comen animales muertos
gaveta: cajón de un mueble para guardar artículos
hinchada: inflamada
la misma vaina: la misma cosa, es igual (figurado)
muela: diente para masticar, molar
saludo: manera de dar la bienvenida o despedirse
sin título: sin terminar estudios universitarios
teniente: oficial inferior del ejército

Después de leer

Trabajando en comunidad, usemos lo que hemos preparado en casa, incluyendo las preguntas de interpretación, para entablar la discusión. Comparemos nuestro análisis con uno de los artículos de crítica literaria que nos presentaron los investigadores. Los biógrafos y los historiadores nos han presentado la información sobre el autor, los temas comunes en su escritura y la época.

Interpretaciones y análisis

A. Tarea individual

1. En el capítulo 5 presentamos tres preguntas analíticas: las de hecho, las de interpretación y las de evaluación. Prepara dos preguntas de cada tipo.
2. Escribe un resumen del cuento en tres o cuatro oraciones.
3. Repasa la lista de técnicas literarias en la sección "estrategias para leer" de este capítulo. ¿Qué técnicas literarias observas en este cuento? Menciona algunos ejemplos de la lectura.

B. Miembros de la comunidad

1. Cada grupo debe repasar primero la tarea individual para ayudar a la comprensión del cuento, sacando los elementos básicos de la lectura.
2. Comparen las preguntas de interpretación y exploren las posibles interpretaciones de las respuestas. ¿Están todos de acuerdo con las respuestas? ¿Hay alguna pregunta de interpretación que el grupo quiera destacar para la discusión comprensiva?
3. Comparen los ejemplos que reflejen las técnicas literarias. ¿Hay alguno que todos tengan en común?
4. Trabajen en grupos:

Los expertos del lenguaje y los biógrafos: Gabriel García Márquez tiene fama mundial como escritor latinoamericano, dentro del género del realismo mágico. También se considera a Márquez como un cuentista excelente. Los biógrafos deben ofrecer más detalles sobre esta faceta del escritor. Después los expertos del lenguaje deben trabajar con los biógrafos para analizar este cuento considerando esta información. Busquen el lenguaje y las técnicas literarias que ejemplifiquen tanto el estilo del realismo mágico como su fama de cuentista.

Los que resumen y los historiadores: Los historiadores pueden ofrecer más información sobre la época en la cual se escribió este cuento. También pueden añadir más datos sobre el llamado "boom" de la literatura latinoamericana. Después deben trabajar con los que resumen para ver hasta qué punto el resumen de este cuento refleja la época y el contexto.

Los moderadores y los intérpretes: Contrasten las reacciones de los hombres. ¿Cuáles son los posibles temas de este cuento? ¿Existe un propósito explícito del escritor? Comparen las relaciones entre estos hombres con las de las mujeres en el capítulo anterior.

C. Discusión adicional

Ahora los moderadores facilitan la discusión en los grupos.

1. Los expertos del lenguaje y los biógrafos presentan los resultados de su investigación a la clase.
2. Los que resumen y los historiadores presentan su información a la clase. ¿Entienden todos el contexto socio-político y el reflejo de éste en el cuento? ¿Hay algo más que alguien quiera mencionar? ¿Cuál es el problema entre estos hombres?
3. Los moderadores y los intérpretes presentan su información a la clase. ¿Cuáles son los temas más sobresalientes del cuento? ¿Podría haber otro final posible? ¿Qué aspectos del diálogo entre el dentista y el alcalde nos hacen pensar en problemas parecidos a los de hoy en día?

PASO 2   ESCRIBIR POR MODELOS

La escritura analítica: La crítica literaria

Nuestro modelo de cuentista sirve para ayudarnos a entender los elementos críticos de la literatura. El cuentista tiene que conocer bien todos los elementos del cuento, de los personajes y del contexto en el cual se desarrolla. De ahí que el modelo de cuentista nos ayude a conocer el mundo de la crítica literaria; a la vez que analizamos una obra literaria y compartimos este análisis con otros, también contestamos a preguntas de nuestra propia realidad. A través del análisis de los elementos literarios dentro de una obra, podemos comprender los diversos aspectos de una cultura y la vida de las personas. Entender las acciones de los personajes literarios nos ayuda a entendernos mejor a nosotros mismos, y a nuestras motivaciones y acciones.

Estrategias del proceso: Seleccionar el registro

Hemos visto que un ensayo tiene tanto que ver con el proceso de la escritura como con la exposición de ideas. Ya somos conscientes de la importancia de generar ideas y de distinguir las principales, apoyar nuestra tesis y escribir el ensayo, párrafo por párrafo, hasta materializar un ensayo coherente.

Otro aspecto importante del proceso es la selección del registro que empleamos. Como el cuentista, el escritor selecciona un registro apropiado según el propósito de la obra y el público al que se dirige. Piensa en las diversas conversaciones que tienes en un día cualquiera, con los profesores, los demás alumnos, los amigos, tus padres y demás familiares. ¿Notas cómo cambias el tipo de lenguaje según la persona a quien te diriges?

Al escribir un ensayo, tenemos que cambiar el registro según el público o el enfoque. Al escribir el borrador solemos preocuparnos más por el contenido que por el lenguaje; pero, antes de entregar un ensayo, éste debe reflejar un registro adecuado. Hay que intentar elevar el tono para que el ensayo sea una obra crítica. No es necesario asumir una actitud muy formal, sino evitar un ensayo informal. A continuación presentamos algunas recomendaciones:

a. Lee el borrador y determina si el lenguaje capta bien el registro que deseas expresar.
b. Fíjate en el uso de los verbos. Evita la repetición del mismo verbo y piensa en sinónimos. Evita el uso excesivo de verbos generales, tales como "ser", "estar", "hacer" y "tener".
c. Piensa en cómo y dónde puedes cambiar otras palabras para que el ensayo refleje mejor el registro deseado. Haz buen uso del diccionario y del libro de sinónimos y antónimos. Considera también la inclusión de otras técnicas estilísticas en tu escritura; por ejemplo, la variedad en el tipo y extensión de las oraciones, el uso de fragmentos y cláusulas, y el orden mismo de las oraciones tienen un efecto directo en el registro.
d. Vuelve a leer la obra para comprobar que tenga el registro deseado. OJO: no quieres cambiar un ensayo tanto que deje de representar tu propia voz. Sin embargo, debes entregarlo consciente de haber realizado un ensayo que registre el contenido y el estilo que deseabas expresar.

Para ejemplificar la diferencia de registro según el verbo elegido, a continuación se presentan algunas variantes verbales.

formal:

tratarse de	concentrarse en	contar
narrar	describir	nombrar
mostrar	demostrar	relacionarse con
apuntar	incluir	destacar
relatar	manifestar	subrayar
aumentar	resumir	apuntar

más formal:

radicar en	fundarse en	inferir
sugerir	ejemplificar	censurar
enfatizar	abarcar	simbolizar
aludir	insinuar	tipificar
recapitular	ablandar	sintetizar

Estrategias para escribir: El análisis de los personajes

Los personajes en la literatura son un reflejo del ser humano. Los escritores eligen captar la esencia del ser humano de forma realista o exagerada; también optan por destacar ciertos rasgos o bien disimular otros para expresar su propia visión de la realidad. Además, al igual que nosotros, los personajes tienen que vivir dentro de un tiempo y espacio determinados, lo cual determina sus características. Es decir, los personajes están marcados por su contexto.

Al estudiar los personajes, consideremos varios factores:

Contexto: ¿En qué tiempo y espacio histórico existe cada personaje? Conforme avanza el argumento, ¿hay cambios en el tiempo y en el espacio?

Carácter: ¿Cómo es física y emocionalmente cada personaje? ¿Cuáles son los rasgos dominantes y qué impacto tienen éstos a lo largo del cuento? ¿Tiene cada personaje una identidad compleja o estereotipada? ¿Qué tipo de evolución presentan los personajes?

Motivación o propósito: ¿Cuál es la situación de cada uno? ¿Cuál es la motivación de cada personaje? ¿Existe algún problema que quisiera resolver el protagonista?

Acción: ¿Qué les sucede en el cuento? ¿Tienen control sobre sus acciones? ¿Qué aprendemos de los personajes? ¿Qué aprenden los personajes sobre sí mismos?

Resolución: ¿Cómo solucionan los conflictos? ¿Cambia algún personaje a lo largo del cuento? ¿Cómo conocemos la resolución del argumento: por lo que ocurre y por lo que dicen? ¿O quizás sea por la ausencia de la acción o los diálogos?

Práctica

1. De los cuentos leídos este semestre, escoge al personaje que más te haya llamado la atención y contesta las preguntas antes mencionadas.
2. Utilizando las mismas preguntas, analiza los personajes de "Un día de estos".

PASO 3   CREAR NUESTRO MODELO

Ahora nos toca ser escritores cuentistas, escribiendo un ensayo crítico y enfocándonos en los personajes. Como cuentistas, tomamos decisiones sobre el contenido, el estilo y las técnicas literarias, el lenguaje, la perspectiva y el registro.

1. Basándonos en las discusiones en clase sobre el dentista y el alcalde en "Un día de estos", escribe un análisis crítico sobre qué aspecto del

personaje del dentista o el alcalde le permite cambiar su opinión al dentista o al alcalde sobre el otro.

2. Escoge algún personaje de otra lectura que hemos leído y escribe un análisis crítico sobre éste, desde la introducción del personaje en la obra, su desarrollo dentro de la misma, un posible conflicto y la resolución.

Estrategias para editar: Averiguar la representación apropiada del escritor

En la escritura análitica, utilizamos ejemplos del texto para presentar nuestra propia interpretación. El análisis de los personajes y de sus motivaciones y experiencias, es una manera de acercarnos al conocimiento del texto y del escritor. También usamos el análisis de los personajes para descubrir el tema y la tesis del texto. Cabe recordar, sin embargo, que los personajes no representan al escritor.

Al escribir una crítica literaria, debemos prestar atención a nuestra visión del escritor. Es necesario distinguir entre nuestra interpretación del texto, la postura del escritor y los personajes y sus características. Los escritores utilizan distintos personajes con diferentes características. Siempre existe la posibilidad de pensar que un personaje principal representa al escritor, o de confundir la actitud del personaje con la tesis central. En el Manual se ofrecen algunas estrategias para averiguar la posición del escritor.

CLAVES DE LA COMPOSICIÓN: EL MUNDO DE LA CRÍTICA LITERARIA Y EL USO DE RECURSOS BIBLIOGRÁFICOS

La crítica literaria requiere de una interpretación fundamentada. Además del trabajo propio que hacemos al analizar una lectura, o varias lecturas de un escritor, es útil también investigar a fondo el tema. Según la asignatura, esta investigación a menudo exige el uso de otros recursos: los textos de referencia, las revistas, las entrevistas y la red internacional, por ejemplo. Es necesario demostrar que hemos considerado no sólo nuestras interpretaciones, sino también las de otros críticos y analistas. Al usar otros recursos, es necesario tener en cuenta lo siguiente:

1. Toda fuente consultada debe ser citada como tal. Es lógico: si no son tuyas las ideas, no debes presentarlas como tales. No importa si incluyes tu idea personal dentro de una oración o si haces referencia al pie de página, aun así es necesario citarla. Menciona el origen exacto de las ideas y materiales obtenidos de otras fuentes, incluídos el título, el autor y el año de publicación.

2. Hay reglas para indicar la fuente de cualquier cita, sea ésta un libro, una entrevista o una fuente de la red. Conviene entender las diferencias de cómo citar los diversos tipos de fuente.

3. Existen varios sistemas de citación y es importante acceder al sistema designado según el curso.

Fuentes posibles

Libros:

García Márquez, Gabriel. *García Márquez habla de García Márquez.* Bogotá, D.E. Colombia: Rentería, 1979.

Herrera, Luis Carlos. *El cuento, estructura y símbolo: análisis tentativo de los cuentos de Gabriel García Márquez.* Santa Fe de Bogotá: Pontificia Universidad Javeriana, 1998.

Oberhelman, H.D. *Gabriel García Márquez: A Study of the Short Fiction.* Boston: Twayne Publishers, 1991.

Pelayo, Rubén. *Gabriel García Márquez. A Critical Companion.* Westport, Connecticut: Greenwood Press, 2001.

Libro de referencia:

M.H. Abrams, *A Glossary of Literary Terms, 6th edition.* Fort Worth, Texas: Harcourt, Brace, Jovanovich, 1993.

La red internacional:

http://www.themodernword.com/gabo/

http://www.levity.com/corduroy/marquez.htm

http://nobelprize.org/nobel_prizes/literature/laureates/1982/

Redactar nuestro modelo y la lista de verificación

Teniendo en cuenta todo lo estudiado sobre la descripción, la narración y la argumentación, vuelve a leer el ensayo. Pensando en la redacción, asegúrate de las decisiones que has tomado como escritor cuentista. Antes de entregar el ensayo, repasa la lista de verificación.

¡OJO! Lista de verificación:

1. ____He hecho una escritura libre y varios borradores, con un título y una primera oración apropiados.
2. ____He prestado atención a la introducción, la conclusión y la separación entre los párrafos.
3. ____He prestado atención al registro y la selección de los tiempos verbales, y he integrado de forma apropiada un lenguaje literario.
4. ____He apoyado mis argumentos con ideas de apoyo y he citado bien las fuentes.
5. ____Pensando en la clave editorial, he prestado atención a los aspectos de la organización, el estilo y la gramática.

Escritor abogado

Seguimos con nuestra exploración de la escritura argumentativa. Pasamos ahora al modelo del abogado. ¿Cuál es el oficio del abogado? ¿Conoces la profesión del abogado por experiencia personal o por las imágenes que has visto en la literatura, el cine y la televisión? ¿Cuáles son las obligaciones típicas de un abogado?

Hemos visto la importancia de tener una perspectiva particular y de presentar una opinión documentada. El modelo del abogado sirve para algo más. Los abogados tienen el trabajo de descubrir los hechos, escuchar a los testigos, investigar el trasfondo y presentar cierta interpretación o argumento que convenza al juez o al jurado. Al crear un argumento, es necesario saber bien cuál es el propósito que se persigue, convencer a alguien de algo o no. Para convencer a alguien, hay que crear un argumento defendible, basado en razonamientos lógicos. Y aún más importante, se debe tener en cuenta la perspectiva y el argumento de los posibles oponentes.

PASO 1   LEER POR MODELOS

Estrategias de lectura: Analizar los elementos del argumento

Ya hemos estudiado la importancia de leer de manera consciente los distintos niveles del texto: desde el punto de vista del narrador y desde la perspectiva del escritor. Leer un texto es también descomponer su argumento. Al igual que hacemos al construir un ensayo (desarrollar el tema, la tesis y el apoyo), al leer debemos también sacar y analizar los elementos de la estructura de un texto. Se trata de volver a examinar el ¿qué? y el ¿cómo? de un texto, pero ahora desde la perspectiva del jurado, analizando la lógica del hilo argumentativo.

A continuación se presentan preguntas que nos facilitan la lectura crítica del jurado:

1. *El tema:* ¿De qué trata la obra?
2. *La tesis:* En relación con este tema, ¿cuál es el punto que quiere expresar el escritor? ¿De qué nos quiere convencer?
3. *Puntos de apoyo:* Al construir el argumento, ¿en qué ideas se basa el apoyo argumentativo?
4. *Puntos en contra:* ¿Cuáles son las ideas que no apoyan la tesis? ¿Tiene en cuenta estos puntos también el escritor o los pasa por alto?
5. *La coherencia del argumento:* ¿Tiene el argumento un hilo uniforme, razonable y lógico? ¿Es creíble y fuerte, o no?
6. *Estilo enfático:* ¿Consigue el escritor ganarse la confianza de los lectores y convencerles de su argumento? ¿Qué técnicas estilísticas (uso de voz pasiva o activa, tipo de oración, tono) usa para acercarse a los lectores?

Práctica

Piensa en el cuento "Un día de estos" de Gabriel García Márquez. Identifica el argumento expuesto por los dos personajes. ¿Existe sólo un argumento explícito o hay también otro implícito? ¿Se resuelve el argumento o los argumentos? ¿Logra el autor transmitir sus intenciones? ¿Convence a los lectores? ¿En qué sentido se puede decir que sí o que no?

Modelo: Carmen Naranjo, "Y vendimos la lluvia"

¡A TRABAJAR, COMUNIDAD DE LECTORES!

Moderadores:

En este capítulo, también se propone un papel más amplio para los miembros de la comunidad. Mientras cumplen con su papel y preparan el material para la clase, todos deben pensar en el abogado litigante y el tribunal; no deben hacer la tarea individual de forma neutral sino empezar a desarrollar un argumento particular a favor o en contra de la venta de la lluvia.

Plan sugerido para esta lectura:

Se sugiere que piensen en la escena de un tribunal acerca del derecho de vender la lluvia. La clase se va a dividir en cuatro grupos para la escenificación de un juicio con jurado: (1) abogados a favor de la venta de lluvia (los que resumen y los intérpretes); (2) abogados en contra (los expertos del lenguaje y los biógrafos); (3) el jurado (los historiadores); y (4) los jueces (los moderadores).

Biógrafos:

Busquen información sobre la escritora Carmen Naranjo, su vida y su época. ¿Cuáles son los temas comunes en sus escritos?

Historiadores:

Busquen información sobre Costa Rica. Este país del "tercer mundo" ha experimentado una historia fascinante. ¿Qué significa ser parte del tercer mundo? Recojan información sobre Costa Rica, su historia y su estado presente. Pueden incluir información tanto del ecoturismo y el medioambiente, como de su historia en el desarrollo político de América Central.

Antes de leer: una discusión preliminar

Carmen Naranjo (1931–), nacida en Costa Rica, cursó la carrera universitaria en la Universidad de Costa Rica. Ha tenido puestos en el gobierno de su país, como ministra de cultura y directora del museo de arte costarricense. En su obra narrativa, el tono irónico y su perspectiva le ofrecen al lector una visión mordaz de los problemas económicos y ecológicos de los países del tercer mundo.

Práctica preparatoria

1. Siempre se considera primero el título en sí. No se refiere a vender agua, sino lluvia. ¿Qué significa vender la lluvia? ¿Cómo se puede vender la lluvia? Con este título, ¿puedes imaginar algún tema de este cuento?

2. ¿Qué consecuencias, positivas o negativas, traería el vender la lluvia? ¿Existe un monopolio sobre la lluvia? ¿Qué pasaría si nos vendieran la lluvia? ¿Cuáles serían las consecuencias inesperadas? ¿Qué pasaría si ocurriera un período de sequía grave?

3. Antes de leer por completo el cuento, leamos los dos primeros párrafos para hacernos una idea de la manera de presentar las ideas. Abunda el uso del subjuntivo:¿qué nos indica? ¿Qué deducimos del tono y del estilo de esta escritora? Al leer el cuento subraya palabras y frases que reflejen este tono.

Y vendimos la lluvia

¡Qué jodida está la cosa!, eso fue lo único que declaró el **ministro de hacienda**, hace unos cuantos días, cuando se bajaba de un jeep después de setenta kilómetros en caminos llenos de polvo y de humedad. Su asesor agregó que no había un centavo en caja, la **cola de las divisas** le daba cuatro vueltas al perímetro de la ciudad, el Fondo tercamente estaba afirmando no más **préstamos** hasta que paguen intereses, recorten el gasto público, congelen los salarios, aumenten los productos básicos y disminuyan las tasas de importación, además quiten tanto subsidio y las instituciones de beneficios sociales.

Y el pobre pueblo exclamaba: ya ni frijoles podemos comprar, ya nos tienen a hojas de rábano, a plátanos y a basura, aumentan el agua y el agua no llega a la casa a pesar de que llueve diariamente, han subido la tarifa y te cobran excedentes de consumo de un año atrás cuando tampoco había servicio en las cañerías.

¿Es que a nadie se le ocurre en este país alguna pinche idea que solucione tanto problema?, preguntó el presidente de la república que poco antes de las elecciones proclamaba que era el mejor, el del pensamiento universitario, con doctorado para el logro del desarrollo, rodeado de su meritocracia sonriente y **complacida**, vestida a la última moda. Alguien le propuso rezar y pedir a La Negrita, lo hizo y nada. Alguien le propuso restituir a la Virgen de Ujarrás, pero después de tantos años de abandono la bella virgencita se había vuelto sorda y no oyó nada, a pesar de que el gabinete en pleno pidió a gritos que iluminara un mejor porvenir, una vía hacia el mañana.

El **hambre** y la pobreza ya no se podían esconder: gente sin casa, sin un centavo en el bolsillo, acampaba en el parque central, en el parque nacional, en la plaza de la cultura, en la avenida central y en la avenida segunda, un **campamento de tugurios** fue creciendo en la sabana y grupos de precaristas amenazaban con invadir el teatro nacional, el banco central y toda sede de la banca nacionalizada. El Seguro Social introdujo raciones de arroz y frijoles en el recetario. Un robo cada segundo por el mercado, un asalto a las residencias cada media hora. Los negocios sucios inundaron a la empresa privada y a la pública, la droga se liberó de controles y pesquisas, el juego de ruletas, naipes y dados se institucionalizó para lavar dólares y atraer turistas. Lo más curioso es que las únicas rebajas de precio se dieron en el whisky, el caviar y varios otros artículos de lujo.

El mar de pobreza creciente que se vio en cuidades y aldeas, en carreteras y sendas, contrastaba con más Mercedes Benz, Beemedobleu, Civic y el abecedario de las marcas en sus despampanantes últimos modelos.

El ministro declaró a la prensa que el país se encontraba **al borde de la quiebra**: las compañías aéreas ya no daban pasajes porque se les debía mucho y por lo tanto era imposible viajar, además la partida de viáticos se agotó, ¿se imaginan lo que estamos sufriendo los servidores públicos?, aquí encerrados, sin tener oportunidad de salir por lo menos una vez al mes a las grandes ciudades. Un presupuesto extraordinario podía ser la solución, pero los impuestos para los ingresos no se encontraban, a menos que el pueblo fuera comprensivo y aceptara una idea genial del presidente de ponerle impuesto al aire, un impuesto mínimo, además el aire era parte del patrimonio gubernamental, por cada respiro diez colones.

Llegó julio y una tarde un ministro sin cartera y sin paraguas vio llover, vio gente correr. Si aquí llueve como en Comala, como en Macondo, llueve noche y día, lluvia tras lluvia como en un cine con la misma **cartelera**, **telones de aguacero** y la pobre gente sin sombrilla, sin cambio de ropas para el empape, con esas casas tan precarias, sin otros zapatos para el naufragio, los pobres colegas **resfriados**, los pobres diputados afónicos, esa tos del presidente que me preocupa tanto, además lo que es la catástrofe en sí: ninguna televisora transmite, todas están inundadas, lo mismo que los periódicos y las radioemisoras, un pueblo sin noticias es un pueblo perdido porque ignora que en otras partes, en casi todas, las cosas están peores. Si se pudiera exportar la lluvia, pensó el ministro.

La gente, mientras tanto, con la abundancia de la lluvia, la humedad, la falta de noticias, el frío, el desconsuelo y hambre, sin series ni telenovelas, empezó a llover por dentro y a aumentar la población infantil, o sea la lucha porque alguno de los múltiples suyos pudiera sobrevivir. Una masa de niños, desnuda y hambrienta, empezó a gritar incansablemente al ritmo de un nuevo aguacero.

Como se reparó una radioemisora, el presidente pudo transmitir un mensaje, heredó un **país endeudado** hasta el extremo que no encontraba más crédito, él halló la verdad de que no podía pagar ni intereses ni amortización, tuvo que despedir burócratas, se vio obligado a paralizar obras y servicios, cerrar oficinas, abrir de algún modo las piernas a las transnacionales y a las maquilas, pero aquellas vacas flacas estaban agonizando y las gordas venían en camino, las alentaba el Fondo, la **AID**, el **BID** y a lo mejor también el Mercado Común Europeo, sin embargo el gran peligro estaba en que debían atravesar al país vecino y ahí era posible que se las comieran, aunque venían por el espacio, a nueve mil metros de distancia, en establo de primera clase y cabina acondicionada, pero esos vecinos eran y son tan peligrosos.

La verdad es que el gobierno se había desteñido en la memoria del pueblo, ya nadie recordaba el nombre del presidente y de sus ministros, la gente los distinguía con el de aquél que se cree la mamá de Tarzán y usa anteojos o el que se parece al cerdito que me regalaron en los buenos tiempos pero un poco más feo.

Y la solución salió de lo que menos se esperaba. El país organizó el **concurso** tercermundista de la "Señorita Subdesarrollo", ya usted sabe de flaquitas, oscuritas, encogidas de hombros, piernas cortas, medio calvas, sonrisas cariadas, con amebas y otras calamidades. El próspero Emirato de los Emires envió a su designada, quien de puro asombro de cómo llovía y llovía al estilo de Leonardo Fabio, abrió unos ojos enormes de competencias de harén y de cielos en el Corán. Ganó por unanimidad, reina absoluta del subdesarrollo, lo merecía por cierto, no le faltaban colmillos ni muelas, y regresó más rápido que rapidísimo al Emirato de los Emires, había adquirido más veloz que corriendo algunos hongos que se acomodaron en las uñas de los pies y las manos, detrás de las orejas y en la mejilla izquierda.

Oh padre Sultán, señor mío, de las lunas y del sol, si su Alteza Arábiga pudiera ver cómo llueve y llueve en ese país, le juro que no me creería. Llueve noche y día, todo está verde, hasta la gente, son gente verde, inocente, ingenua, que ni siquiera ha pensado en vender su **primer recurso**, la lluvia, pobrecitos piensan en café, en arroz, en caña, en verduras, en madera y tienen el tesoro de Alí Baba en sus manos y no lo ven. ¿Qué no daríamos por algo semejante?

El Sultán Abun dal Tol la dejó hablar, la hizo repetir lo de esa lluvia que amanecía y anochecía, volvía a amanecer y anochecer por meses iguales, no se cansaba de la historia de lo verde en el tránsito de reverdecer más, le gustó incluso lo de un tal Leonardo Fabio en eso de llovía y llovía.

Una llamada telefónica de larga distancia entró al despacho del ministro de exportaciones procedente del Emirato de los Emires, pero el ministro no estaba. El ministro de relaciones comerciales casi **se iluminó** cuando el Sultán Abun dal Tol se llenó de luces internas y le ordenó comprar lluvia y lluvia y construir un acueducto desde allá hasta aquí para fertilizar el desierto. Otra llamada. Aló, hablo con el país de la lluvia, no la lluvia de marijuana y de cocaína, no la de los dólares lavados, la lluvia que natural cae del cielo y pone verde lo arenoso. Sí, sí, habla con el ministro de exportaciones de ese país y estamos dispuestos a vender la lluvia, no faltaba más, su producción no nos cuesta nada, es un recurso natural como su petróleo, haremos un **trato** bueno y justo.

La noticia ocupó cinco columnas en la época seca, en que se pudieron vencer obstáculos de inundaciones y de humedades, el propio presidente la dio: venderemos la lluvia a diez dólares el centímetro cúbico, los precios se revisarán cada diez años y la compra será ilimitada, con las ganancias pagaremos los préstamos, los intereses y recobraremos nuestra independencia y nuestra dignidad.

El pueblo sonrió, un poco menos de lluvia agradaba a todos, además se evitaban las siete vacas gordas, un tanto pesadas.

Ya no las debía empujar el Fondo, el Banco Mundial, la AID, la Embajada, el BID y quizás el Mercado Común Europeo, a nueve mil metros de altura, dado el peligro de que las robaron en el país vecino, con cabina acondicionada y establo de primera clase. Además de las tales vacas no se tenía seguridad alguna de que fueran gordas, porque su recibo obligaba a aumentar todo tipo de impuestos, especialmente los de consumo básico, a exonerar completamente las importaciones, a abrir las piernas por entero a las transnacionales, a pagar los intereses que se han elevado un tanto, a amortizar la deuda que está creciendo a un ritmo sólo comparado con las plagas. Y si fuera poco hay que estructurar el gabinete porque a algunos ministros la gente de las cámaras los ve como peligrosos y extremistas.

Agregó el presidente con una alegría estúpida que se mostraba en excesos de sonrisas alegremente tontas, los técnicos franceses, garantía de la meritocracia europea, construirán los **embudos** para captar la lluvia y el acueducto, lo que es un aval muy seguro de honestidad, eficiencia y transferencia de tecnología.

Para ese entonces ya habíamos vendido muy mal el atún, los delfines y el domo térmico, también los bosques y los tesoros indígenas. Además el talento, la dignidad, la soberanía y el derecho al tráfico de cuanto fuera ilícito.

El primer embudo se colocó en el Atlántico y en cosa de meses quedó peor que el Pacífico Seco. Llegó el primer pago del Emirato de los Emires, ¡en dólares!, se celebró con una semana de vacaciones. Era necesario un poco más de esfuerzo. Se puso un embudo en el norte y otro en el sur. Ambas zonas muy pronto quedaron como una **pasa**. No llegaban los cheques, ¿qué pasa?, el Fondo los embargó para pagarse intereses. Otro esfuerzo: se colocó el embudo en el centro, donde antes llovía y llovía, para dejar de llover por siempre, lo que obstruyó cerebros, despojó de hábitos, alteró el clima, deshojó el maíz, destruyó el café, **envenenó** aromas, asoló canales, **disecó** palmeras, arruinó frutales, arrasó hortalizas, cambió facciones y la gente empezó a actuar con rasgos de ratas, hormigas y cucarachas, los únicos animales que abundaban.

Para recordar que habíamos sido, circulaban de mano en mano fotografías de un oasis enorme con grandes plantaciones, jardines, zoológicos por donde volaban mariposas y una gran variedad de pájaros, al pie se leía: venga y visítenos, este Emirato de los Emires es un paraíso.

El primero que se aventuró fue un tipo buen nadador, quien tomó las previsiones de llevar alimentos y algunas medicinas. Después toda su familia entera se fue, más tarde pueblos pequeños y grandes. La población disminuyó considerablemente, un buen día no amaneció nadie, con excepción del presidente y su gabinete. Todos los otros, hasta los diputados, siguieron la ruta de abrir la **tapa** del acueducto y así dejarse ir hasta el encuentro con la otra tapa ya en el Emirato de los Emires.

Fuimos en ese país ciudadanos de segunda categoría, ya estábamos acostumbrados, vivimos en un ghetto, conseguimos trabajo porque sabíamos de café, caña, algodón, frutales y hortalizas. Al poco tiempo andábamos felices y como sintiendo que aquello también era nuestro, por lo menos la lluvia nos pertenecía.

Pasaron algunos años, el precio del petróleo empezó a caer y caer. El Emirato pidió un préstamo, luego otro y muchos, pedía y pide para pagar lo que debe. La historia nos suena harto conocida. Ahora el **Fondo** se ha apoderado del acueducto, nos cortó el agua por falta de pago y porque el Sultán Abun dal Tol se le ocurrió recibir como huésped de honor a un representante de aquel país vecino nuestro.

GLOSARIO

AID: agencia del gobierno de los EE.UU. que financia proyectos de desarrollo en el exterior

al borde de la quiebra: a punto de no poder pagar deudas

BID: banco internacional que ayuda a países en las Américas

campamento de tugurios: barrio muy pobre

cartelera: programa

cola de divisas: formación de personas esperando sacar dinero

complacida: satisfecha

concurso: la competencia

disecó (disecar): secar; dividir en partes

embudos: herramienta para echar agua en un agujero angosto

envenenó (envenenar): mató o contaminó con sustancia nociva

Fondo: organizaciones mundiales que prestan dinero a gobiernos con problemas monetarios

hambre: deseo de comer

se iluminó (iluminarse): alegrarse (figurado)

ministro de hacienda: la persona del gobierno encargada de las finanzas públicas

país endeudado: un país sin fondos

pasa: uva seca

préstamos: pedir prestado dinero a alguien con la condición de devolvérselo, créditos

primer recurso: producto principal

resfriados: estar enfermo, con tos

tapa: lo que cierra cualquier envase; cobertura de una cosa

telones de aguacero: cortinas de lluvia

trato: acuerdo

Después de leer

Los biógrafos y los historiadores nos han presentado la información sobre la escritora, los temas comunes en su escritura y la época. También nos han dado información sobre la América Central, el papel histórico de Costa Rica y el concepto del ecoturismo. Siguiendo con el juicio, contesten la siguiente pregunta: ¿Tienen derecho los países a vender la lluvia?

Interpretaciones y análisis

A. Tarea individual

1. Escribe los elementos básicos de la lectura y haz un resumen del cuento en tres o cuatro oraciones.
2. Escribe dos preguntas de interpretación. Por cada pregunta debes desarrollar dos posibles respuestas, utilizando ideas de apoyo del propio texto.

3. Escribe las palabras o cláusulas que subrayaste al leer que ejemplifican el tono del cuento. ¿Por qué te parecen clave?

4. ¿Qué piensas de la idea de vender la lluvia? Escribe un argumento a favor o en contra del derecho de un país a vender la lluvia.

5. Cumple con el trabajo correspondiente a tu papel como miembro de la comunidad. Los biógrafos y los historiadores ya han presentado información sobre la escritora y el contexto. Los que resumen, los expertos del lenguaje y los intérpretes deben hacer lo necesario para ayudarles a los demás con la comprensión de esta lectura.

B. Miembros de la comunidad

1. Compartan las respuestas de la tarea individual. ¿Hay acuerdo sobre los elementos básicos del cuento? Intenten clarificar cualquier pregunta.

2. ¿Cuál es el tono del cuento. ¿Es un tono sarcástico, humorístico, irónico? ¿Cuál es la diferencia? ¿Están de acuerdo todos sobre el tipo de tono?

3. Comparen las preguntas de interpretación y las posibles respuestas. Como grupo, elijan una pregunta para compartir con la clase.

4. ¿Cuáles son los temas? ¿Es un cuento fantástico o realista? ¿Puede ser una mezcla de los dos? Presenten ideas de apoyo sacadas del texto para corroborar la conclusión.

5. Según el papel tomado, prepárense para el juicio con jurado:

   a. *Los abogados a favor de la venta de lluvia (los que resumen y los intérpretes):* Utilicen ideas de apoyo sacadas del texto y lo que saben de la situación de los países del tercer mundo y del medioambiente para crear un argumento defendible a favor del derecho de algún país a vender la lluvia. Pueden citar las ventajas y los derechos de utilizar los recursos naturales para favorecer el crecimiento de la economía y ayudar a los ciudadanos con su economía familiar, por ejemplo. Al establecer la hipótesis y buscar el apoyo, imaginen las posibles opiniones contrarias y busquen respuestas a estas reacciones.

   b. *Los abogados en contra de la venta de lluvia (los expertos del lenguaje y los biógrafos):* Utilicen las ideas de apoyo sacadas del texto y lo que saben de la situación de los países del tercer mundo y del medioambiente para crear un argumento defendible en contra del derecho de algún país a vender la lluvia. Al establecer la hipótesis y buscar las ideas de apoyo, imaginen las posibles opiniones en contra y busquen respuestas a estas reacciones.

   c. *El jurado (los historiadores):* Repasen la estrategia de lectura expuesta al principio de este capítulo que identifica los elementos de un argumento. Utilicen el texto y estos elementos para preparar preguntas para cada grupo de abogados.

   d. *Los jueces (los moderadores):* Como el jurado, repasen la estrategia de lectura analizada al principio de este capítulo donde se identifican los elementos que constituyen un argumento. Preparen la estructura del juicio con jurado. Dispónganse a propiciar una discusión sobre los diversos niveles del texto en el contexto de un juicio con jurado. Clasifiquen los distintos niveles. Piensen en el texto en sí y en la situación mundial frente al tema.

C. Discusión adicional

Ahora los jueces (los moderadores) facilitan el juicio con jurado.

1. Cada grupo de abogados ahora debe presentar su información a la clase, empezando con su hipótesis sobre el derecho —o no— de algún país a vender la lluvia y su apoyo a esta hipótesis.
2. El jurado formula sus preguntas a cada grupo de abogados.
3. Los jueces abren la discusión a la clase entera para clarificar cualquier punto. Al final, deben todos ratificar lo positivo de cada postura. ¿Tienen argumentos defendibles o no? Pensando en los elementos de un argumento, ¿cómo pueden mejorarlo?

PASO 2   ESCRIBIR POR MODELOS

La argumentación: El abogado y la hipótesis

Imaginemos una escena dramática en la sala de un tribunal: el juez formal e intimidante, el jurado pensante y deliberante, el demandante y el acusado ansiosos, el público atento y a la espera… y los abogados, listos para exponer su alegato sumarial desde sus estrados. Los abogados, por más astutos que sean, no llegan al tribunal sin prepararse. Pasan días y horas construyendo su argumento. Investigan otros casos semejantes, entrevistan a los testigos y a los participantes del caso, establecen su propia estrategia legal y revisan varias veces sus argumentos. En fin, se esmeran para exponer, a la hora de presentarse en el tribunal, precisamente lo que desean decir, con el tono apropiado para así poder convencer al juez, al jurado y al público.

Escribir de una manera argumentativa supone meterse en el papel de abogado: es conocer a fondo la información y crear un ensayo defendible y persuasivo. Consideremos ahora lo que nos hace falta para escribir un ensayo argumentativo.

Estrategias del proceso: La coordinación y la subordinación

A la hora de escribir, ¿haces lo posible por usar una variedad de oraciones o no? Por lo general, ¿cuántas palabras usas para formar una oración? Como escritores, nos interesa incorporar la mayor variedad posible de cláusulas. Por eso, nos conviene explorar el uso de la coordinación y la subordinación. Al igual que los abogados, queremos establecer un orden jerárquico con respecto a la información presentada: poder coordinar y subordinar la información es importante.

La coordinación. La coordinación consiste en conectar dos ideas parecidas. La usamos para formular oraciones de considerable longitud cuando deseamos mantener el hilo de una idea. Las oraciones breves son útiles, especialmente para enfatizar una idea y para crear variedad, pero a veces es mejor usar oraciones más elaboradas. La coordinación es la conexión de dos oraciones con la misma función. Veamos algunos ejemplos:

De camino a la escuela, me encontré con mi amiga Juana y fuimos juntas a clase.

No ofreció ninguna ayuda, ni siquiera un préstamo.

Quería aprobar el curso de matemáticas y le pedí ayuda al profesor.

La subordinación. La subordinación consiste en conectar ideas semejantes y establecer una jerarquía entre ellas. Mientras que la coordinación establece un paralelismo entre ideas, la subordinación sirve para destacar la relación entre ideas. Veamos estos modelos:

Coordinación entre dos ideas paralelas: **Quería aprobar el curso de matemáticas y le pedí ayuda al profesor.**

Subordinación que enfatiza la relación entre ideas: **Con la ayuda del profesor, estudié mucho de modo que pude sacar una nota excelente.**

El propósito de usar la subordinación y la coordinación es la variedad estilística. Una serie de oraciones cortas, o de oraciones coordinadas y subordinadas sin interrupción, resulta tedioso a la hora de leer un texto. Seamos conscientes de nuestra manera de escribir e intentemos variarla.

Práctica

1. Crea oraciones coordinadas y subordinadas utilizando los tres ejemplos que siguen. Escribe dos versiones para cada ejemplo.

    a. Mañana salgo para México. Te mando la transferencia bancaria al llegar. Si me doy prisa, acabo el proyecto en una semana.

    b. Vivo en los Estados Unidos desde hace 17 años. Sigo la carrera de matemáticas este año en la universidad. Mis padres quieren que regrese a Colombia pronto.

    c. Más vale que no compres esa computadora barata. Siempre salen con un modelo nuevo. Lo mejor es ahorrar dinero.

2. Analiza las oraciones del ensayo que escribiste en el capítulo anterior. Vuelve a escribir un párrafo incorporando oraciones coordinadas y subordinadas. Intercambia el párrafo con algún compañero de clase, fijándote en los cambios.

Estrategias para escribir: El argumento defendible

¿Cómo se define la palabra "argumento"? ¿Has pasado alguna vez un día tan difícil y desafiante que llegaste a la conclusión de que toda la vida se parece a un argumento? Quizás tengas razón; *todo* se podría considerar un argumento. Exploremos algunas ideas sobre el concepto de argumentación en la escritura.

Propósito. El argumento tiene el propósito de persuadir a los oyentes o a los lectores. Es posible, sin embargo, que la forma de persuasión sirva no sólo para convencer, sino para informar, explorar o tomar decisiones. Cuando estamos en una clase en plena discusión sobre un hecho histórico, por ejemplo, o haciendo una presentación de una investigación, quizás el propósito no sea tanto persuadir sino explorar el pasado. Lo que sí es cierto es que necesitamos tener un argumento lógico y defendible.

Clase. ¿Qué categorías argumentativas existen? Hay argumentos sobre hechos (¿qué pasó?), definiciones (¿cuál es la naturaleza de algo?) y evaluaciones (¿cómo es algo?).

Estilo. Hay varios estilos argumentativos. Ajustamos el estilo y el tono a las necesidades del argumento, según nuestro propósito. Hay estilos basados en los hechos y las realidades o en los valores y en las emociones.

Práctica

Piensa en una situación de la ciudad o de la universidad sobre la cual existe un debate. Esta situación se utilizará como tema.
- **a.** Ahora, piensa en una hipótesis (la tesis) para resolver el problema.
- **b.** Haz una lista de ideas de apoyo a favor y en contra.
- **c.** Identifica al público a quien se podría dirigir tal argumento.
- **d.** Escoge el mejor estilo para dirigirte a dicho público.
- **e.** Escribe un borrador del argumento.

PASO 3   CREAR NUESTRO MODELO

Ha llegado el momento de ponernos la toga de abogado. Al igual que los abogados, nuestra función consiste en elaborar el mejor argumento legal para representar nuestro punto de vista. Hay que ser lógico, coherente y persuasivo. No importa si usamos un estilo directo y formal o un estilo irónico como el de Naranjo; lo importante es plantear bien el caso.

Primero, establece tu propia perspectiva sobre el tema. Luego, ofrece tu tesis y puntos de apoyo. Y al escribir no te olvides del jurado (los lectores), al cual te diriges con cierto propósito en mente. Procura establecer y mantener la confianza del lector. Escoge entre los siguientes temas:

1. Toma una decisión sobre un problema que exista en tu comunidad en relación con el medioambiente y los recursos naturales.

2. Siguiendo el modelo que ofrece Naranjo, escribe tu propia hipótesis sobre algún asunto de importancia en tu universidad.
3. Hay cambios que, de ser factibles, facilitarían la vida enormemente. Desarrolla una hipótesis sobre algún cambio que se te ocurra y cómo se llevaría a cabo.

Estrategias para editar: Formato del argumento

Preparar, presentar y defender un argumento supone conocer a fondo el propósito y el estilo argumentativo que mejor convenga al lector. Una vez que hayamos tomado estas decisiones, pasemos a la estructura de un argumento defendible. Es importante seguir un formato directo y lógico. En el Manual se presenta un formato basado en tres pasos: introducción, desarrollo y conclusión. Cada paso tiene un propósito importante en la configuración de la estructura argumentativa. Dentro de cada paso es necesario incluir elementos de la hipótesis y de las ideas de apoyo para establecer un argumento defendible. Por ejemplo, si uno pasa demasiado tiempo ofreciendo un resumen de la trama después de los párrafos de desarrollo, sin referirse a la hipótesis del argumento, se puede perder el hilo del argumento. De otra forma, si se presentan todos los elementos de apoyo del argumento sin referirse a la hipótesis, puede resultar un argumento sin fundamento.

CLAVES DE LA COMPOSICIÓN: EL USO DE LAS DECLARACIONES EXAGERADAS Y/O MODESTAS

Muchos abogados tienen fama tanto por su comportamiento ante el tribunal como por su habilidad con las leyes, el uso del lenguaje y su habilidad a la hora de construir un argumento. Saben exactamente cuándo deben comportarse de manera dinámica y hasta exagerada, cuándo deben mostrarse de forma relajada y cuándo deben actuar con modestia. Estas decisiones las tomamos a la hora de realizar la escritura analítica también.

Hemos estudiado los componentes del tono y el registro en la escritura. Otro tropo literario similar es la utilización del lenguaje exagerado para crear un efecto llamativo. La exageración puede ir en dos direcciones: la hipérbole, que consiste en destacar el contenido en una exageración en sí; o la exageración modesta, que se basa en subordinar o disminuir el contenido.

Las declaraciones exageradas, o hipérboles, pueden imaginarse como una explosión escrita. Los escritores no sólo presentan los hechos y puntos de apoyo, sino que enfatizan y exageran el impacto de los hechos. Tratan de convencer a los lectores creando un sinfín de conexiones, incorporando palabras fuertes o utilizando la puntuación exclamativa. También incluyen en la hipérbole las preguntas retóricas, cuyas respuestas ya conocen de antemano.

Las declaraciones exageradamente modestas sirven como técnica contraria a la hipérbole, pero con la misma intención: crear un efecto específico en el lector. Ser exageradamente modesto es disminuir intencionalmente el efecto de los hechos. Los escritores toman decisiones a la hora de utilizar palabras sencillas para representar ideas profundas y también al aprovecharse del uso de preguntas retóricas para establecer una idea en vez de declararla abiertamente.

Estas dos técnicas literarias son comunes en la escritura análitica y en la argumentativa. El uso de la exageración necesita concordar con el estilo y el tono establecido en el ensayo. Cuanto mejor conozcas al público, más puedes incorporar estas técnicas.

Redactar nuestro modelo y la lista de verificación

Teniendo en cuenta todo lo estudiado sobre la argumentación —incluidos la hipótesis, el argumento defendible, el tono, el registro, el estilo y el lenguaje— repasa el borrador para este capítulo. ¿Has escrito un ensayo con un argumento defendible? Antes de entregar el ensayo, repasa la lista de verificación.

¡OJO! Lista de verificación:

1. ____He hecho una escritura libre y varios borradores, con un título y una primera oración apropiados.
2. ____He utilizado una perspectiva, con tesis e ideas de apoyo que concuerdan con el tema.
3. ____He prestado atención al registro, la selección de los tiempos verbales y el uso de coordinación y subordinación.
4. ____He integrado un lenguaje literario apropiado.
5. ____Reconozco la diferencia entre argumento, resumen y opinión.
6. ____Pensando en la clave editorial, he prestado atención a los aspectos de la organización, el estilo y la gramática.

Escritor sociólogo

¿Conoces el trabajo del sociólogo? Los psicólogos estudian el comportamiento y la vida interior de los seres humanos, y los sociólogos investigan la sociedad. Sobresale, entre estos estudios, el tema de la identidad: ¿cómo se identifican los seres humanos con sus semejantes? ¿Cómo se comportan en un grupo, en una cultura o en la sociedad en general? Los sociólogos investigan los sistemas, los problemas y los avances de una sociedad y las funciones de los miembros dentro de su comunidad.

¿Cómo se relacionan las funciones del sociólogo con las del escritor? Ya hemos estudiado maneras de describir, narrar, argumentar y analizar. El sociólogo incorpora muchas de las estrategias de dichos géneros al dedicar su investigación a las funciones de los miembros de la sociedad. Al igual que hace el sociólogo, trataremos los aspectos anteriormente mencionados de forma integrada para llevar a cabo el análisis de un grupo, sus motivaciones y acciones.

PASO 1   LEER POR MODELOS

Estrategias de lectura: La lectura larga

Hasta el momento hemos leído cuentos, poemas, canciones y ensayos sobre diversos temas. Ahora debemos prepararnos para leer obras más extensas. Debemos adquirir estrategias para no perdernos en el texto o, aún peor, evitar la lectura simplemente por ser muy larga. Consideremos algunos métodos para acercarnos a este tipo de textos:

1. Echa un vistazo a todas las páginas para hacerte una idea de la extensión del texto y la complejidad del vocabulario.
2. Busca claves sobre el tema y las ideas principales—¿presenta el texto separaciones en la estructura que muestren el desarrollo de las ideas? ¿Hay subtítulos o secciones aisladas?
3. Empieza a leer con un papel en blanco al lado. Apunta la idea principal cada dos a tres párrafos, después de leerlos. Aunque parezca un trabajo innecesario tomar apuntes de esta forma, en realidad leer despacio y con atención la primera vez, facilita la comprensión y ahorra tiempo después.
4. Procura dividir el ensayo según los argumentos presentados. No importa si en la discusión de la comunidad lleguen a tener varias interpretaciones del desarrollo del argumento; lo importante es que vayas construyendo tu propia comprensión e interpretación del texto.
5. Al terminar, trata de escribir el argumento con tus propias palabras. Es mejor que no repitas las oraciones exactas del escritor puesto que en la discusión querrás usar tu propio lenguaje, apoyando tus ideas a partir de la lectura.
6. ¿Uso del diccionario? Como hemos visto, el diccionario es un instrumento útil, pero también peligroso. Si te pasas todo el tiempo buscando palabras, corres el riesgo de perder el hilo del tema. Es mejor hacer una lectura sin referirse con mucha frecuencia al diccionario, tratando de usar el contexto para descifrar el sentido de las palabras desconocidas. Si quieres, marca algunas palabras que no entiendas. Luego, si no puedes construir el argumento básico, acude al diccionario.

En fin, conviene mantener una actitud abierta, positiva y de confianza hacia cualquier texto. Ya conocemos las estrategias y seguramente podemos reconstruir el argumento esencial de cualquier lectura. Con la ayuda de toda la comunidad, alcanzamos no sólo una notable comprensión, sino también un análisis y una evaluación apropiados, tal como merece cada lectura. Pasemos ahora al modelo.

Modelo: Rosario Castellanos, "Lección de cocina"

¡A TRABAJAR, COMUNIDAD DE LECTORES!

Moderadores:

Diseñen con el instructor/la instructora el plan de la discusión posterior. Vamos a leer un ensayo largo y complejo y se recomienda un trabajo adicional. Vamos a leer el cuento y pensar en su manera de presentar un análisis social y en cómo presenta la información metafórica y, a la vez, implícitamente.

Plan sugerido para esta lectura:

(1) Dividir la clase en seis grupos según el papel: todos los moderadores, los biógrafos, los historiadores, los que resumen, los expertos del lenguaje y los intérpretes. Este texto largo y complejo te ofrece la oportunidad de profundizar en el papel asignado para después compartir tu conocimiento y alcanzar una comprensión notable como grupo. (2) Después de cumplir con los papeles en la comunidad y tras haber seguido las estrategias de lectura de un texto largo, se sugiere que todos los miembros presten atención especial a su manera de leer y entender el texto. Todos deben escribir unos comentarios personales con la idea de compartir con los demás los desafíos y éxitos que hayan tenido al leer. Haremos una lista de nuestras estrategias personales para leer, descifrar y comprender un texto de esta extensión, estilo y estructura.

Biógrafos e historiadores:

Busquen información sobre Rosario Castellanos y su época, información que se relacione con los sucesos de la vida de Castellanos y el período en que vivió. Piensen también en el movimiento feminista en México.

Antes de leer: una discusión preliminar

Vamos a leer "Lección de cocina", de la escritora mexicana Rosario Castellanos. Este texto ofrece observaciones profundas del modo de ser de los hombres y las mujeres mexicanos y su país. Presenta además un aspecto del alma de la mujer mexicana a la luz de los papeles tradicionales. Rosario Castellanos (1925–1974) nació en la ciudad de México, pero pasó su juventud en Chiapas, donde su familia tenía propiedades. Cursó filosofía y letras en la universidad y emprendió después la carrera de escritora. Fue una de las primeras feministas de México y sus obras le dieron gran renombre. Cuando murió en 1974, desempeñaba el cargo de embajadora en Israel.

Práctica preparatoria

1. Teniendo en cuenta el título, ¿qué esperamos encontrar en el cuento? ¿Cuál será la actitud de la escritora?
2. Piensa en el lenguaje utilizado; ¿a quién se dirige la autora?
3. Fíjate en el lenguaje metafórico a lo largo del cuento.

Lección de cocina

La cocina resplandece de blancura. Es una lástima tener que **mancillarla** con el uso. Habría que sentarse a contemplarla, a describirla, a cerrar los ojos, a evocarla. Fijándose bien esta nitidez, esta pulcritud carece del exceso deslumbrador que produce **escalofríos** en los sanatorios. ¿O es el halo de desinfectantes; los pasos de goma de las afanadoras, la presencia oculta de la enfermedad y de la muerte? Qué me importa. Mi lugar está aquí. Desde el principio de los tiempos ha estado aquí. En el proverbio alemán la mujer es sinónimo de Küche, Kinder, Kirche. Yo anduve extraviada en aulas, en calles, en oficinas, en cafés; **desperdiciada** en **destrezas** que ahora he de olvidar para adquirir otras. Por ejemplo, elegir el menú. ¿Cómo podría llevar a cabo labor tan ímproba sin la colaboración de la sociedad, de la historia entera? En un estante especial, adecuado a mi estatura, se alinean mis espíritus protectores, esas aplaudidas equilibristas que concilian en las páginas de los **recetarios** las contradicciones más irreductibles: la esbeltez y la gula, el aspecto vistoso y la economía, la celeridad y la suculencia. Con sus combinaciones infinitas: la esbeltez y la economía, la celeridad y el aspecto vistoso, la suculencia y... ¿Qué me aconseja usted para la comida de hoy, experimentada ama de casa, inspiración de las madres ausentes y presentes, voz de la tradición, secreto a voces de los supermercados? Abro un libro al azar y leo: "La cena de don Quijote." Muy literario pero muy insatisfactorio. Porque don Quijote no tenía fama de gourmet sino de despistado. Aunque un análisis más a fondo del texto nos revela, etc., etc., etc. Uf. Ha corrido más tinta en torno a esa figura que agua debajo de los puentes. "Pajaritos de centro de cara." Esotérico. ¿La cara de quién? ¿Tiene un centro la cara de algo o de alguien? Si lo tiene no ha de ser apetecible. "Bigos a la rumana." Pero ¿a quién supone usted que se está dirigiendo? Si yo supiera lo que es estragón y ananá no estaría consultando este libro porque sabría muchas otras cosas. Si tuviera usted el mínimo sentido de la realidad debería, usted misma o cualquiera de sus colegas, tomarse el trabajo de escribir un diccionario de términos técnicos, **redactar** unos prolegómenos, idear una propedéutica para hacer accesible al profano el difícil arte culinario. Pero parten del supuesto de que todas estamos en el ajo y se limitan a enunciar. Yo, por lo menos, declaro solemnemente que no estoy, que no he estado nunca ni en este ajo que ustedes comparten ni en ningún otro. Jamás he entendido nada de nada. Pueden ustedes observar los síntomas: **me planto**, hecha una imbécil, dentro de una cocina impecable y neutra, con el delantal que usurpo para hacer un **simulacro** de eficiencia y del que seré despojada vergonzosa pero justicieramente.

Abro el compartimiento del refrigerador que anuncia "carnes" y extraigo un paquete irreconocible bajo su capa de hielo. La disuelvo en agua caliente y se me revela el título sin el cual no habría identificado jamás su contenido: es carne especial para asar. Magnífico. Un plato sencillo y sano. Como no representa la superación de ninguna antinomia ni el planteamiento de ninguna aporía, no se me antoja.

Y no es sólo el exceso de lógica el que me inhibe el hambre. Es también el aspecto, rígido por el frío; es el color que se manifiesta ahora que he desbaratado el paquete. Rojo, como si estuviera a punto de **echarse a sangrar**.

Del mismo color teníamos la espalda, mi marido y yo, después de las orgiásticas asoleadas en las playas de Acapulco. El podía darse el lujo de "portarse como quien es" y tenderse boca abajo para que no le rozara la piel dolorida. Pero yo, **abnegada** mujercita mexicana que nació como la paloma para el nido, sonreía a semejanza de Cuauhtémoc en el suplicio cuando dijo "mi lecho no es de rosas" y se volvió a callar. Boca arriba soportaba no sólo mi propio peso sino el de él encima del mío. La postura clásica para hacer el amor. Y **gemía**, de desgarramiento, de placer. El gemido clásico. Mitos, mitos.

Lo mejor (para mis quemaduras, al menos) era cuando se quedaba dormido. Bajo la yema de mis dedos —no muy sensibles por el prolongado contacto con las teclas de la máquina de escribir— el nylon de mi camisón de desposada resbalaba en un fraudulento esfuerzo por parecer encaje. Yo jugueteaba con la punta de los botones y esos otros adornos que hacen parecer tan femenina a quien los usa, en la oscuridad de la alta noche. La albura de mis ropas, deliberada, reiterada, **impúdicamente** simbólica, quedaba abolida transitoriamente. Algún instante quizá alcanzó a consumar su significado bajo la luz y bajo la mirada de esos ojos que ahora están vencidos por la fatiga.

Unos párpados que se cierran y he aquí, de nuevo, el exilio. Una enorme extensión arenosa, sin otro desenlace que el mar cuyo movimiento propone la parálisis; sin otra invitación que la del acantilado al suicidio.

Pero es mentira. Yo no soy el sueño que sueña, que sueña, que sueña; yo no soy reflejo de una imagen en un cristal; a mí no me aniquila la cerrazón de una conciencia o de toda conciencia posible. Yo continúo viviendo con una vida densa, viscosa, turbia, aunque el que está a mi lado y el remoto, me ignoren, me olviden, me pospongan, me abandonen, me desamen.

Yo también soy una conciencia que puede clausurarse, desamparar a otro y exponerlo al aniquilamiento. Yo... La carne, bajo la rociadura de la sal, ha acallado el escándalo de su rojez y ahora me resulta más tolerable, más familiar. Es el trozo que vi mil veces, sin darme cuenta, cuando me asomaba, de prisa, a decirle a la cocinera que...

No nacimos juntos. Nuestro encuentro se debió a un **azar** ¿feliz? Es demasiado pronto aún para afirmarlo. Coincidimos en una exposición, en una conferencia, en un cine-club; tropezamos en un elevador; me cedió su asiento en el tranvía; un guardabosques interrumpió nuestra perpleja y, hasta entonces, paralela contemplación de la jirafa porque era hora de cerrar el zoológico. Alguien, él o yo, es igual, hizo la pregunta idiota pero indispensable: ¿usted trabaja o estudia? Armonía del interés y de las buenas intenciones, manifestación de propósitos "serios". Hace un año yo no tenía la menor idea de su existencia y ahora reposo junto a él con los muslos entrelazados, húmedos de sudor y de semen. Podría levantarme sin despertarlo, ir descalza hasta la regadera. ¿Purificarme? No tengo asco. Prefiero creer que lo que me une a él es algo tan fácil de borrar como una secreción y no tan terrible como un sacramento.

Así que permanezco inmóvil, respirando rítmicamente para imitar el **sosiego**, puliendo mi insomnio, la única joya de soltera que he conservado y que estoy dispuesta a conservar hasta la muerte.

Bajo el breve diluvio de pimienta la carne parece haber **encanecido**. Desvanezco este signo de vejez frotando como si quisiera traspasar la superficie e impregnar el espesor con las esencias. Porque perdí mi antiguo nombre y aún no me acostumbro al nuevo, que tampoco es mío. Cuando en el vestíbulo del hotel algún empleado me reclama yo permanezco sorda, con ese vago malestar que es el preludio del reconocimiento. ¿Quién será la persona que no atiende a la llamada? Podría tratarse de algo urgente, grave, definitivo, de vida o muerte. El que llama se desespera, se va sin dejar ningún rastro, ningún mensaje y anula la posibilidad de cualquier nuevo encuentro. ¿Es la angustia la que oprime mi corazón? No, es su mano la que oprime mi hombro. Y sus labios que sonríen con una burla benévola, más que de dueño, de taumaturgo.

Y bien, acepto mientras nos encaminamos al bar (el hombro me arde, está despellejándose) es verdad que en el contacto o colisión con él he sufrido una metamorfosis profunda: no sabía y sé, no sentía y siento, no era y soy.

Habrá que dejarla reposar así. Hasta que ascienda a la temperatura ambiente, hasta que se impregne de los sabores de que la he recubierto. Me da la impresión de que no he sabido calcular bien y de que he comprado un pedazo excesivo para nosotros dos. Yo, por **pereza**, no soy carnívora. Él, por estética, guarda la línea. ¡Va a sobrar casi todo! Sí, ya sé que no debo preocuparme: que alguna de las hadas que revolotean en torno mío va a acudir en mi auxilio y a explicarme cómo se aprovechan los desperdicios. Es un paso en falso de todos modos. No se inicia una vida conyugal de manera tan sórdida. Me temo que no se inicie tampoco con un platillo tan anodino como la carne asada.

Gracias, murmuro, mientras me limpio los labios con la punta de la servilleta. Gracias por la copa transparente, por la aceituna sumergida. Gracias por haberme abierto la **jaula** de una rutina estéril para cerrarme la jaula de otra rutina que, según todos los propósitos y las posibilidades, ha de ser fecunda. Gracias por darme la oportunidad de lucir un traje largo y caudaloso, por ayudarme a avanzar en el interior del templo, exaltada por la música del órgano. Gracias por...

¿Cuánto tiempo se tomará para estar lista? Bueno, no debería de importarme demasiado porque hay que ponerla al fuego a última hora. Tarda muy poco, dicen los manuales. ¿Cuánto es poco? ¿Quince minutos? ¿Diez? ¿Cinco? Naturalmente, el texto no especifica. Me supone una intuición que, según mi sexo, debo poseer pero que no poseo, un sentido sin el que nací que me permitiría advertir el momento preciso en que la carne está a punto.

¿Y tú? ¿No tienes nada que agradecerme? Lo has puntualizado con una solemnidad un poco pedante y con una precisión que acaso **pretendía** ser halagadora pero que me resultaba ofensiva: mi virginidad. Cuando la descubriste yo me sentí como el último dinosaurio en un planeta del que la especie había desaparecido. Ansiaba justificarme, explicar que si llegué hasta ti intacta no fue por virtud ni por orgullo ni por fealdad sino por apego a un estilo. No soy barroca. La pequeña imperfección en la perla me es insoportable. No me queda entonces más alternativa que el neoclásico y su rigidez es incompatible con la espontaneidad para hacer el amor. Yo carezco de la soltura del que rema, del que juega al tenis, del que se desliza bailando. No practico ningún deporte. Cumplo un rito y el ademán de entrega se me petrifica en un gesto estatuario.

¿Acechas mi tránsito a la fluidez, lo esperas, lo necesitas? ¿O te basta este hieratismo que te sacraliza y que tú interpretas como la pasividad que corresponde a mi naturaleza? Y si a la tuya corresponde ser voluble te tranquilizará pensar que no estorbaré tus aventuras. No será indispensable —gracias a mi temperamento— que me cebes, que me ates de pies y manos con los hijos, que me amordaces con la miel espesa de la resignación. Yo permaneceré como permanezco. Quieta. Cuando dejas caer tu cuerpo sobre el mío siento que me cubre una **lápida**, llena de inscripciones, de nombres ajenos, de fechas memorables. Gimes inarticuladamente y quisiera susurrarte al oído mi nombre para que recuerdes quién es a la que posees.

Soy yo. ¿Pero quién soy yo? Tu esposa, claro. Y ese título basta para distinguirme de los recuerdos del pasado, de los proyectos para el porvenir. Llevo una marca de propiedad y no obstante me miras con desconfianza. No estoy tejiendo una red para prenderte. No soy una mantis religiosa. Te agradezco que creas en semejante hipótesis. Pero es falsa.

Esta carne tiene una dureza y una consistencia que no caracterizan a las reses. Ha de ser de mamut. De esos que se han conservado, desde la prehistoria, en los hielos de Siberia y que los campesinos descongelan y sazonan para la comida. En el aburridísimo documental que exhibieron en la Embajada, tan lleno de detalles superfluos, no se hacía la menor alusión al tiempo que dedicaban a volverlos comestibles. Años, meses. Y yo tengo a mi disposición un plazo de...

¿Es la alondra? ¿Es el ruiseñor? No, nuestro horario no va a regirse por tan aladas criaturas como las que avisaban el advenimiento de la aurora a Romeo y Julieta sino por un estentóreo e inequívoco despertador. Y tú no bajarás al día por la escala de mis trenzas sino por los pasos de una querella minuciosa: se te ha desprendido un botón del saco, el pan está quemado, el café frío.

Yo rumiaré, en silencio, mi rencor. Se me atribuyen las responsabilidades y las tareas de una criada para todo. He de mantener la casa impecable, la ropa lista, el ritmo de la alimentación infalible. Pero no se me paga ningún sueldo, no se me concede un día libre a la semana, no puedo cambiar de amo. Debo, por otra parte, contribuir al sostenimiento del **hogar** y he de desempeñar con eficacia un trabajo en el que el jefe exige y los compañeros conspiran y los subordinados odian. En mis ratos de ocio me transformo en una dama de sociedad que ofrece comidas y cenas a los amigos de su marido, que asiste a reuniones, que se abona a la ópera, que controla su peso, que renueva su guardarropa, que cuida la lozanía de su cutis, que se conserva atractiva, que está al tanto de los chismes, que se desvela y que madruga, que corre el riesgo mensual de la maternidad, que cree en las juntas nocturnas de ejecutivos, en los viajes de negocios y en la llegada de clientes imprevistos; que padece alucinaciones olfativas cuando percibe la emanación de perfumes franceses (diferentes de los que ella usa) de las camisas, de los pañuelos de su marido; que en sus noches solitarias se niega a pensar por qué o para qué tantos afanes y se prepara una bebida bien cargada y lee una novela policíaca con ese ánimo frágil de los convalecientes.

¿No sería oportuno prender la estufa? Una **lumbre** muy baja para que se vaya calentando, poco a poco, el asador "que previamente ha de untarse con un poco de grasa para que la carne no se pegue". Eso se me ocurre hasta a mí, no había necesidad de gastar en esas recomendaciones las páginas de un libro.

Y yo, soy muy **torpe**. Ahora se llama torpeza; antes se llamaba inocencia y te encantaba. Pero a mí no me ha encantado nunca. De soltera leía cosas a escondidas. Sudando de emoción y de vergüenza. Nunca me enteré de nada. Me latían las sienes, se me nublaban los ojos, se me contraían los músculos en un espasmo de náusea.

El aceite está empezando a hervir. Se me pasó la mano, manirrota, y ahora chisporrotea y salta y me quema. Así voy a quemarme yo en los apretados infiernos por mi culpa, por mi culpa, por mi grandísima culpa. Pero, niñita, tú no eres la única. Todas tus compañeras de colegio hacen lo mismo, o cosas peores, se acusan en el confesionario, cumplen la penitencia, las perdonan y reinciden. Todas. Si yo hubiera seguido frecuentándolas me sujetarían ahora a un interrogatorio. Las casadas para cerciorarse, las solteras para averiguar hasta dónde pueden aventurarse. Imposible defraudarlas. Yo inventaría acrobacias, desfallecimientos sublimes, transportes como se les llama en *Las mil y una noches*, récords. ¡Si me oyeras entonces no te reconocerías, Casanova!

Dejo caer la carne sobre la plancha e instintivamente retrocedo hasta la pared. ¡Qué estrépito! Ahora ha cesado. La carne **yace** silenciosamente, fiel a su condición de cadáver. Sigo creyendo que es demasiado grande.

Y no es que me hayas defraudado. Yo no esperaba, es cierto, nada en particular. Poco a poco iremos revelándonos mutuamente, descubriendo nuestros secretos, nuestros pequeños trucos, aprendiendo a complacernos. Y un día tú y yo seremos una pareja de amantes perfectos y entonces, en la mitad de un abrazo, nos desvaneceremos y aparecerá en la pantalla la palabra "fin".

¿Qué pasa? La carne se está encogiendo. No, no me hago ilusiones, no me **equivoco**. Se puede ver la marca de su tamaño original por el contorno que dibujó en la plancha. Era un poco más grande. ¡Qué bueno! Ojalá quede a la medida de nuestro apetito.

Para la siguiente película me gustaría que me encargaran otro papel. ¿Bruja blanca en una aldea salvaje? No, hoy no me siento inclinada ni al heroísmo ni al peligro. Más bien mujer famosa (diseñadora de modas o algo así), independiente y rica que vive sola en un apartamento en Nueva York, París o Londres. Sus "affaires" ocasionales la divierten pero no la alteran. No es sentimental. Después de una escena de ruptura enciende un cigarrillo y contempla el paisaje urbano al través de los grandes ventanales de su estudio.

Ah, el color de la carne es ahora mucho más decente. Sólo en algunos puntos se obstina en recordar su **crudeza**. Pero lo demás es dorado y exhala un aroma delicioso. ¿Irá a ser suficiente para los dos? La estoy viendo muy pequeña.

Si ahora mismo me arreglara, estrenara uno de esos modelos que forman parte de mi trousseau y saliera a la calle ¿qué sucedería, eh? A la mejor me abordaba un hombre maduro, con automóvil y todo. Maduro. Retirado. El único que a estas horas puede darse el lujo de andar de cacería.

¿Qué rayos pasa? Esta maldita carne está empezando a soltar un humo negro y horrible. ¡Tenía yo que haberle dado vuelta! Quemada de un lado. Menos mal que tiene dos.

Señorita, si usted me permitiera... ¡Señora! Y le advierto que mi marido es muy celoso... Entonces no debería dejarla andar sola. Es usted una tentación para cualquier viandante. Nadie en el mundo dice viandante. ¿**Transeúnte**? Sólo los periódicos cuando hablan de los atropellados. Es usted una tentación para cualquier x. Silencio. Sig-ni-fi-ca-ti-vo. Miradas de esfinge. El hombre maduro me sigue a prudente distancia. Más le vale. Más me vale a mí porque en la esquina ¡zas! Mi marido, que me espía, que no me deja ni a sol ni a sombra, que sospecha de todo y de todos, señor juez. Que así no es posible vivir, que yo quiero divorciarme.

¿Y ahora qué? A esta carne su mamá no le enseñó que era carne y que debería de comportarse con conducta. **Se enrosca** igual que una charamusca. Además yo no sé de dónde puede seguir sacando tanto humo si ya apagué la estufa hace siglos. Claro, claro, doctora Corazón. Lo que procede ahora es abrir la ventana, conectar el purificador de aire para que no huela a nada cuando venga mi marido. Y yo saldría muy mona a recibirlo a la puerta, con mi mejor vestido, mi mejor sonrisa y mi más cordial invitación a comer fuera.

Es una posibilidad. Nosotros examinaríamos la carta del restaurante mientras un miserable pedazo de carne **carbonizada**, yacería, oculta, en el fondo del bote de la basura. Yo me cuidaría mucho de no mencionar el incidente y sería considerada como una esposa un poco irresponsable, con proclividades a la frivolidad pero no como una tarada. Ésta es la primera imagen pública que proyecto y he de mantenerme después consecuente con ella, aunque sea inexacta.

Hay otra posibilidad. No abrir la ventana, no conectar el purificador de aire, no tirar la carne a la basura. Y cuando venga mi marido dejar que olfatee, como los ogros de los cuentos, y diga que aquí huele, no a carne humana, sino a mujer inútil. Yo exageraré mi compunción para incitarlo a la magnanimidad. Después de todo, lo ocurrido ¡es tan normal! ¿A qué recién casada no le pasa lo que a mí acaba de pasarme? Cuando vayamos a visitar a mi suegra, ella, que todavía está en la etapa de no agredirme porque no conoce aún cuáles son mis puntos débiles, me relatará sus propias experiencias. Aquella vez, por ejemplo, que su marido le pidió un par de huevos estrellados y ella tomó la frase al pie de la letra y... ja, ja, ja. ¿Fue eso un obstáculo para que llegara a convertirse en una viuda fabulosa, digo, en una cocinera fabulosa? Porque lo de la viudez sobrevino mucho más tarde y por otras causas. A partir de entonces ella dio rienda suelta a sus instintos maternales y echó a perder con sus mimos...

No, no le va a hacer la menor gracia. Va a decir que me distraje, que es el colmo del descuido. Y, sí, por condescendencia yo voy a aceptar sus acusaciones.

Pero no es verdad, no es verdad. Yo estuve todo el tiempo pendiente de la carne, fijándome en que le sucedían una serie de cosas rarísimas. Con razón Santa Teresa decía que Dios anda en los pucheros. O la materia que es energía o como se llame ahora.

Recapitulemos. Aparece, primero el trozo de carne con un color, una forma, un tamaño. Luego cambia y se pone más bonita y se siente una muy contenta. Luego vuelve a cambiar y ya no está tan bonita. Y sigue cambiando y cambiando y cambiando y lo que uno no **atina** es cuándo pararle el alto. Porque si yo dejo este trozo de carne indefinidamente expuesto al fuego, se consume hasta que no queden ni rastros de él. Y el trozo de carne que daba la impresión de ser algo tan sólido, tan real, ya no existe.

¿Entonces? Mi marido también da la impresión de solidez y de realidad cuando estamos juntos, cuando lo toco, cuando lo veo. Seguramente cambia, y cambio yo también, aunque de manera tan lenta, tan morosa que ninguno de los dos lo advierte. Después se va y bruscamente se convierte en recuerdo y... Ah, no, no voy a caer en esa **trampa**: la del personaje inventado y el narrador inventado y la anécdota inventada. Además, no es la consecuencia que se deriva lícitamente del episodio de la carne.

La carne no ha dejado de existir. Ha sufrido una serie de metamorfosis. Y el hecho de que cese de ser perceptible para los sentidos no significa que se haya concluido el ciclo sino que ha dado el salto cualitativo. Continuará operando en otros niveles. En el de mi conciencia, en el de mi memoria, en el de mi voluntad, modificándome, determinándome, estableciendo la dirección de mi futuro.

Yo seré, de hoy en adelante, lo que elija en este momento. Seductoramente aturdida, profundamente reservada, histérica. Yo impondré, desde el principio, y con un poco de impertinencia, las reglas del juego. Mi marido resentirá la impronta de mi dominio que irá dilatándose, como los círculos en la superficie del agua sobre la que se ha arrojado una piedra. Forcejeará por prevalecer y si cede yo le corresponderé el desprecio y si no cede yo no seré capaz de perdonarlo.

Si asumo la otra actitud, si soy el caso típico, la femineidad que solicita indulgencia para sus errores, la balanza se inclinará a favor de mi antagonista y yo participaré en la competencia con un handicap que, aparentemente, me destina a la derrota y que, en el fondo, me garantiza el triunfo por la sinuosa vía que recorrieron mis antepasadas, las humildes, las que no abrían los labios sino para asentir, y lograron la obediencia **ajena** hasta al más irracional de sus caprichos. La receta, pues, es vieja y su eficacia está comprobada. Si todavía lo dudo me basta preguntar a la más próxima de mis vecinas. Ella confirmará mi certidumbre.

Sólo que me repugna actuar así. Esta definición no me es aplicable y tampoco la anterior, ninguna corresponde a mi verdad interna, ninguna salvaguarda mi autenticidad. ¿He de acogerme a cualquiera de ellas y ceñirme a sus términos sólo porque es un lugar común aceptado por la mayoría y comprensible para todos? Y no es que yo sea una "rara avis". De mí se puede decir lo que Pfandl dijo de Sor Juana: que pertenezco a la clase de neuróticos **cavilosos**. El diagnóstico es muy fácil, ¿pero qué consecuencias acarrearía asumirlo?

Si insisto en afirmar mi versión de los hechos mi marido va a mirarme con suspicacia, va a sentirse incómodo en mi compañía y va a vivir en la continua expectativa de que se me declare la locura.

Nuestra convivencia no podrá ser más problemática. Y él no quiere conflictos de ninguna índole. Menos aún conflictos tan abstractos, tan absurdos, tan metafísicos como los que yo le plantearía. Su hogar es el remanso de paz en que se refugia de las tempestades de la vida. De acuerdo. Yo lo acepté al casarme y estaba dispuesta a llegar hasta el sacrificio en aras de la armonía conyugal. Pero yo contaba con que el sacrificio, el renunciamiento completo a lo que soy, no se me demandaría más que en la Ocasión Sublime, en la Hora de las Grandes Resoluciones, en el Momento de la Decisión Definitiva. No con lo que me he topado hoy que es algo muy insignificante, muy ridículo. Y sin embargo...

GLOSARIO

abnegada: que hace algún sacrificio
ajena: propia de otra persona
atina: sabe, acierta a hacer algo
azar: casualidad
carbonizada: quemada
cavilosos: desconfiados
crudeza: crudo, sin cocinar
desperdiciada: mal usada
destreza: habilidad de hacer algo
echarse a sangrar: salir sangre
encanecido: envejecido
se enrosca: adquiere forma redonda
equivoco: tomo algo por otra cosa
escalofrío: sensación de frío
gemía: gritaba de dolor o pena
hogar: casa, familia
impúdicamente: sin pudor, sin recato
jaula: espacio cerrado con barrotes, principalmente para animales

lápida: losa
lumbre: fuego
mancillarla: ensuciarla
pereza: flojo
me planto: me pongo de pie
pretendía: quería ser algo o alguien
recetarios: conjunto de recetas
redactar: poner una idea por escrito
simulacro: algo hecho de manera fingida
sosiego: tranquilidad
torpe: sin habilidad para hacer algo
trampa: engaño
transeúnte: que está de paso por algún lugar
yace: está tumbado

Después de leer

Los biógrafos y los historiadores han presentado su información. Enfoquémonos tanto en la lectura como en el proceso seguido para leer y entender esta extensa lectura.

Interpretaciones y análisis

A. Tarea individual

1. Escribe los elementos básicos de la lectura, contestando a las preguntas correspondientes a cada elemento. Haz dos listas: una con las ideas del texto que mejor hayas comprendido y otra con las ideas de las que no estés seguro/a.

2. Escribe dos preguntas analíticas: una de interpretación y otra de evaluación. Para cada pregunta, propón una respuesta.

3. Escribe las palabras que utiliza la narradora al describirse a sí misma. ¿Qué imagen presenta? ¿Con qué palabras describirías al esposo? ¿A la esposa?

4. ¿Cuáles son los elementos contra los cuales se rebela la protagonista? Escribe dos observaciones contrarias a lo que la protagonista esperaba del matrimonio.

5. Haz un resumen de los apuntes que tomaste sobre tus estrategias de lectura y comprensión. Incorpora los comentarios personales que hiciste sobre las partes del texto que te resultaron más desafiantes y sobre las estrategias que te parecieron más o menos útiles.

B. Miembros de la comunidad

1. Comparen las respuestas de la tarea individual y, después, preparen una pregunta colectiva de interpretación y otra de evaluación.

2. Cumplan con su trabajo según el papel designado:

a. *Los que resumen:* tienen que presentar el resumen de la lectura en un solo párrafo.

b. *Los expertos del lenguaje:* ¿han encontrado palabras clave que son particulares de esta lectura? ¿Afectan las técnicas literarias el lenguaje? ¿Cuál es el tono del cuento?

c. *Los intérpretes:* necesitan buscar las ideas principales del cuento e indicar las diferencias de actitud entre la autora y esa mujercita mexicana.

d. *Los moderadores:* deben ofrecer ideas relevantes del texto.

3. Exploren el uso de la ironía. ¿Qué representará la carne en el cuento, tanto la carne misma como los pasos para prepararla? ¿Y los resultados?

4. Comparen las estrategias que utilizó cada miembro al leer, descifrar y comprender la lectura. Hagan una lista de las estrategias más útiles del grupo.

C. Discusión adicional

1. Los moderadores facilitan el análisis a la clase.

2. Cada grupo debe presentar su información a la clase, empezando con su versión del resumen y de los temas. ¿Se ha puesto de acuerdo la clase entera?

3. ¿Cómo interpretan la perspectiva sobre la mujer mexicana, que presenta la autora?

4. ¿Cuál es el papel de la mujer en esta narrativa? ¿Cuál sería su papel ideal?

5. Comparen algunas palabras clave de los grupos. ¿Cómo afectan al tono del cuento?

PASO 2   ESCRIBIR POR MODELOS

La escritura analítica: El análisis social

Los sociólogos son investigadores que exploran las relaciones sociales, la vida en soledad y en grupo. Estudian además los sistemas y funciones de las distintas comunidades dentro de una sociedad. Por ejemplo, investigan los sistemas educativos de una comunidad, las estructuras económicas y las formas de gobierno. También exploran los grupos según la clase social, el nivel de educación, el sexo o el grupo étnico al que pertenecen. Los estudios sociales también pueden ser históricos o centrarse en un momento determinado; por ejemplo, hay investigaciones sobre generaciones de estudiantes y los cambios en los métodos de comunicación y el impacto del aprendizaje en los mismos. Asimismo existen estudios sobre el comportamiento de familias enteras en el medio urbano o rural, o la relación entre las dos. En la universidad, se podrían explorar las características de varios grupos, como los atletas, los artistas, los clubes sociales o los grupos que mantienen su organización por Facebook y Twitter. El trabajo del sociólogo incluye aspectos de todos los modelos estudiados: la descripción, la narración, la argumentación y la exposición. Como científico, el sociólogo tiene que manejar bien las diferencias entre estos modelos y permanecer fiel a los parámetros de una investigación particular.

Estrategias del proceso: Cinco advertencias para los escritores

Presentamos a continuación cinco advertencias para realizar una escritura coherente. El sociólogo intenta presentar su perspectiva y su evaluación de forma lógica y defendible.

1. *No escribas de forma vaga ni general.* Oraciones tales como, "El tema es muy interesante" son oraciones vacías que no ofrecen ninguna información de la tesis. La palabra "interesante" es superflua cuando se utiliza sin apoyo. Asegúrate de que todas las oraciones sean precisas. Una buena prueba es corroborar que ni el sujeto ni el predicado se podrían reemplazar con otros sujetos o predicados.

   ejemplo general: Los deportes son muy interesantes.

   prueba: se podría especificar algún deporte y utilizar distintos adjetivos.

   ejemplo preciso: El fútbol es el deporte que requiere mayor condición física de los atletas porque consiste en ser capaz de correr durante varias horas seguidas.

2. *Evita los clichés.* Estas frases no requieren ninguna lectura activa por parte del lector. Es mejor usar tus propias ideas y oraciones porque resultan más vivas y precisas, y dan una interpretación nueva contraria a la esperada.

   ejemplos de cliché: el amor es ciego; echar la casa por la ventana

3. *Explica el uso de las citas.* Las citas existen para apoyar ideas y no deben aparecer aisladas en el texto. Debes integrar las citas dentro del hilo argumentativo y ofrecer un comentario de cada cita utilizada.

4. *No escribas ideas generales acerca de un texto sin apoyarlas.* Una escritura analítica sobre un texto requiere ideas de apoyo.

5. *No entregues un ensayo con errores de estructura, ortografía o tipografía porque indican falta de atención o cuidado.* Revisa una vez más el ensayo antes de entregarlo.

Estrategias para escribir: El ensayo de investigación secundaria

Hay dos tipos de trabajo de investigación: la investigación primaria y la investigación secundaria. La investigación primaria consiste en investigar un tema e incorporarlo al campo de estudio, y la investigación secundaria consiste en repasar todo el material que ya existe sobre un tema, interpretarlo, sintetizarlo y ofrecer una nueva interpretación de lo que ya se ha estudiado. Todo ensayo de investigación plantea un interrogante y ofrece una respuesta. No es un resumen, ni una opinión, ni una simple crítica, sino una reinterpretación personal del material existente. La investigación secundaria exige varios pasos:

1. *Plantear la pregunta.* Piensa en el tema y en la pregunta que te sugiere. La respuesta es la tesis del trabajo.

2. *Buscar la información que ya existe sobre el tema.* Es importante conocer información sobre el tema que quieres tratar. Se empieza con fuentes generales (textos de referencia, una enciclopedia o la red), y se pasa a fuentes más específicas. La mayoría de las fuentes generales se refieren a otras más específicas de investigadores que quizás se hayan dedicado a explorar el tema. Hay que investigar bien el tema utilizando una variedad de fuentes: textos de clase, estudios específicos, páginas de la red o entrevistas con otros investigadores.

3. *Evaluar las fuentes.* Con la cantidad de recursos que existen hoy en día, es necesario seleccionar las mejores fuentes, averiguando de dónde proceden, para asegurarnos de su validez. Muchas páginas en la red presentan una opinión sin mucho apoyo o análisis. ¿Cómo se evalúan las fuentes para seleccionar las mejores? Primero, debes tener más de una o dos referencias. Segundo, repasa las fuentes, prestando atención al nivel de experiencia del autor y a la posibilidad de que la información sea un análisis con fundamento o sólo una opinión. Tercero, mantén el enfoque de tu tesis y evita la inclusión de información que abarque el mismo tema, pero que tiene poca relación con tu tesis particular.

4. *Organizar la información.* Haz un resumen de cada fuente elegida, resaltando el argumento principal. No olvides incluir la información bibliográfica de cada fuente. Agrupa los resúmenes según apoyen tus ideas. Luego haz un bosquejo incorporando toda la información.

5. *Escribir el ensayo.* Una vez que hayas organizado toda la información en categorías (agrupando las ideas relacionadas), empieza tu primer borrador. El siguiente es un posible modelo para la estructura:

I.   Introducción

   a. tema del ensayo: plantear la pregunta

   b. presentación de la tesis: ofrecer una respuesta

   c. mención de las ideas de apoyo

   d. definiciones de términos clave en el ensayo

II.   Desarrollo: varios párrafos según la cantidad de información

   a. puntos de apoyo

   b. puntos en contra

   c. respuesta a los puntos en contra

III. Conclusión

    a. por qué es razonable la tesis

    b. qué implicaciones mayores tiene mi perspectiva (la tesis)

    c. preguntas adicionales que se podrían hacer o áreas de estudio

Práctica

Selecciona un tema corriente en la sociedad. Con algunos compañeros de clase, escriban el bosquejo de un ensayo sobre el tema: planteen la pregunta y edítenla, escojan fuentes fiables, evalúen las fuentes escogidas, piensen en las distintas respuestas a la pregunta y decidan la estructura del ensayo.

PASO 3 CREAR NUESTRO MODELO

Llegó el momento de escribir un análisis social, incorporando todo lo estudiado sobre los métodos y las estrategias para escribir un ensayo de investigación. Escoge uno de los siguientes temas:

1. Escribe un ensayo de 5 a 6 páginas en el que analices un grupo social. No tiene que ser únicamente un grupo según una nacionalidad; puede ser un grupo de la universidad (un club), un grupo de aficionados a algo (los que coleccionan estampillas) o un grupo profesional (el cuerpo de policía). El ensayo debe tratar del motivo por el que existe el grupo en vez de ser una lista de los rasgos de dicho grupo. ¿Cómo se define? ¿Cómo se distingue de otros? ¿Cuál es el núcleo del grupo? ¿Existe un orden o una jerarquía dentro del grupo? ¿Qué posibles problemas enfrentan u ocasionan los elementos de ese orden o esa jerarquía?
2. Escribe un ensayo pensando en un tema social corriente. Plantea una pregunta, crea una tesis sobre el asunto y redacta el ensayo haciendo uso de los puntos de apoyo y de las referencias.

Estrategias para editar: Diferenciar entre la cita, el resumen y el plagio

Escribir ensayos de investigación supone un tipo de desafío especial: ¿cómo distinguir entre tus propias ideas y las que has citado o compilado de otros? Se espera que busques información adicional, pero también que el ensayo tenga tu voz. Es imprescindible seguir los pasos anteriormente expuestos sobre cómo realizar un ensayo de investigación. Incorpora las ideas de otros, bien citadas, pero evita que el ensayo sea sólo un resumen de otras ideas. Integra bien las citas dentro de tus párrafos de desarrollo para que apoyen tu tesis.

El plagio es la utilización de la obra de otro sin referencia explícita. Ejemplos de plagio incluyen la incorporación de ideas externas sin nombrar ninguna fuente, la mención de una idea de otro sin incluir la referencia explícita y la inclusión de otra obra con referencia incorrecta. Incluso la información sacada de la red y de escritores anónimos, debe ser citada. Otra forma de plagio menos obvio es la incorporación de ayuda de otros; hay que tener cuidado con el tipo de ayuda que recibes de los demás estudiantes o de tutores. Se espera que busques ayuda de otro redactor en el momento de revisar los borradores, pero asegúrate de que el ensayo consiste en tu propia interpretación crítica con tus propias palabras y estilo.

CLAVES DE LA COMPOSICIÓN: PENSAR EN EL PÚBLICO

Ya hemos explorado las decisiones que tomamos para establecer una relación con el lector según el tipo y el propósito de la escritura. De igual forma que hacen los sociólogos, exploremos al público como grupo social. Considerar al lector en el momento de repasar el ensayo nos ayuda a entender el grado de conexión que existe entre éste y el ensayo y a mejorar la escritura analítica. Reflexiona sobre las preguntas y repasa el ensayo:

1. ¿A quiénes te diriges en el ensayo? ¿Cómo son? ¿Qué sabes de ellos?
2. Si el lector principal hasta ahora es el instructor, ¿hay otros lectores que puedas imaginar? ¿Quiénes son y cómo te los imaginas? ¿Son lectores que comparten tus ideas o son contrarios a tu manera de pensar?
3. Al repasar el ensayo, ¿has pensado en un público? ¿Cómo? ¿Qué lectores incluirías y a cuáles excluirías? En el ensayo, ¿ identificas palabras o ideas que reflejan tus respuestas?
4. ¿Qué saben los lectores de tu contenido? ¿Cuál es su actitud sobre el contenido? Por ejemplo, ¿en el ensayo tomas una posición a favor, en contra o con un objetivo concreto? Al repasar tu ensayo, es importante tener información sobre el tipo de lector al que va dirigido tu ensayo. Este conocimiento te ayudará a pensar en cómo debes presentar tus argumentos.
5. Conociendo a tus lectores, ¿qué efecto quieres crear en ellos? ¿Cómo propones establecer confianza con los lectores? Al repasar tu ensayo, ¿ identificas los elementos fundamentales que te ayudan a alcanzar el efecto deseado?

Redactar nuestro modelo y la lista de verificación

Teniendo en cuenta todo lo estudiado sobre el análisis social y las maneras de incorporar la descripción, la argumentación y la exposición en este análisis, repasa el borrador de este capítulo. ¿Has redactado un ensayo exhaustivo y bien apoyado? Antes de entregarlo, repasa la lista de verificación.

¡OJO! Lista de verificación:

1. ____He hecho una escritura libre y varios borradores, con un título y una primera oración apropiados.
2. ____He prestado atención al registro, a la selección de los tiempos verbales, y al uso de la coordinación y la subordinación.
3. ____He prestado atención a las cinco advertencias para los escritores.
4. ____He determinado un público particular y he integrado un lenguaje apropiado.
5. ____He apoyado mis ideas con evidencias sacadas del texto o fuentes de referencia bien citadas.
6. ____Pensando en la clave editorial, he prestado atención a los aspectos de la organización, el estilo y la gramática.

Escritor científico

Estudiemos el modelo de escritor científico. Entremos en un mundo postmoderno, pero con un tratamiento científico. El científico investiga para crear nuevas tecnologías, muchas de las cuales nos facilitan la vida diaria. Piensa en los últimos veinte años: ¿Qué avances tecnológicos consideras más importantes? ¿Qué aspectos de nuestra vida han cambiado gracias a la tecnología, por ejemplo en la comunicación, la producción agrícola y la medicina? Usamos el modelo del científico para continuar con el estudio de la escritura analítica, y la tecnología y su importancia en la actualidad.

En el capítulo anterior leímos un cuento de Rosario Castellanos en el que nos presentaba una perspectiva sobre la vida de la mujer mexicana. En este capítulo, tenemos dos lecturas de distinta tipología. Primero, Marco Denevi presenta una visión del mundo actual, lleno de tecnología, a pesar de haber sido escrita hace unos 30 años. Denevi no escribe este análisis social en forma de ensayo sino como una fábula, "Las abejas de bronce". Segundo, Rosario Castellanos presenta otra visión del mundo y del carácter humano, especialmente de la mujer, mediante un poema, "Piedra". Las dos lecturas ejemplifican el uso del simbolismo para mostrar una perspectiva de la vida moderna.

PASO 1   LEER POR MODELOS

Estrategias de lectura: Entender el simbolismo

Identificamos anteriormente el simbolismo como una de las técnicas utilizadas en la escritura y ahora vamos a explorar distintas maneras de usarlo. El simbolismo consiste en usar un elemento para representar otro; el elemento concreto se refiere a una idea abstracta. El agua sirve, por ejemplo, para simbolizar la creación o la renovación. A las estaciones del año se les asignan también significados distintos: la primavera representa la nueva vida mientras el invierno simboliza la llegada de la muerte.

Categorizamos el simbolismo literario en dos grupos: símbolos explícitos/generales y símbolos implícitos/particulares:

1. *Un símbolo explícito/general* es un objeto con referente conocido, de significado común y de uso frecuente en la literatura, como los mencionados anteriormente, el agua y las estaciones. Otros ejemplos de símbolos explícitos son los colores primarios. El rojo, a menudo, representa el amor y el verde, la esperanza. Un símbolo general puede tener más de una representación; muchas las representaciones difieren por motivos culturales. Por ejemplo, el color verde puede referirse tanto a los celos como a la esperanza. Los escritores, conociendo la simbología de un objeto o imagen, optan por incluirlo para señalar una idea abstracta, pero también rompen con lo esperado al dar una representación nueva y contraria a la habitual.
2. *Un símbolo implícito/particular* es un objeto sin referente muy conocido. Es aquel que adquiere un referente particular dentro de la obra. En la obra de García Márquez, por ejemplo, el gallinazo simboliza un aspecto negativo: este pájaro que come carne muerta representa la decadencia o la corrupción.

Práctica

Al leer, debemos prestar atención al uso del simbolismo. Debemos acercarnos a cada texto con la pregunta: "¿Qué símbolos explícitos e implícitos presenta el autor?"

Modelo 1: "Las abejas de bronce" de Marco Denevi

¡A TRABAJAR, COMUNIDAD DE LECTORES!

Moderadores:

Diseñen con el instructor/la instructora el plan de la discusión. La fábula constituye otro género literario. Cumplan con sus papeles de la comunidad analizando el género: ¿facilitan la comprensión las fábulas o no? ¿Enfatizan o no el propósito del escritor?

Plan sugerido para esta lectura:

Dividan la clase en grupos que incluyan cada papel: el moderador, el biógrafo, el historiador, el que resume, el experto del lenguaje y el intérprete.

Biógrafos:

Busquen información sobre Marco Denevi y su época. Ayuden al grupo a entender el concepto de fábula, buscando información sobre el género. ¿Cuáles son los elementos? ¿Cuál es el propósito de una fábula? ¿Cómo se relaciona este estilo de Denevi con otras obras suyas?

Historiadores:

Busquen información sobre el inicio de la revolución tecnológica. ¿Qué tipo de investigaciones se hacían? ¿Cuáles eran los medios de transporte y de comunicación?

Antes de leer: una discusión preliminar

Escritor argentino, además de abogado y funcionario público, Denevi (1922–1998) empezó su carrera literaria con una novela que ganó un premio literario. El cuento "Las abejas de bronce", forma parte de un libro de cuentos en que los protagonistas son animales y pertenece al género de la fábula. En este género el escritor presenta aspectos exagerados de los animales/seres humanos. De la misma manera, Denevi se concentra en las características humanas disfrazadas en un animal determinado y utiliza un modelo muy antiguo: la fábula que hizo famosa el escritor de la Grecia antigua, Esopo. Aquí tenemos que decidir cuáles son las ventajas y desventajas de disfrazar dichas características por medio de modelos animalísticos. Dentro de toda fábula existe una moraleja que también exploraremos.

En la época en que escribía Denevi, apenas había empezado la "revolución" de la tecnología en que los aparatos mecánicos sustituyen a los seres humanos o animales en las funciones que cumplen; dicha revolución ha evolucionado hasta la computadora de hoy en día. Como verán, Denevi anticipó la llegada de tales usos de la tecnología cuando pocos se la imaginaban, considerando las ventajas y las desventajas de los avances tecnológicos.

Práctica preparatoria

1. A partir del título y de la información presentada por los biógrafos y los historiadores, piensa en posibles temas del cuento. ¿Qué te imaginas que va a suceder en el cuento? ¿Cómo terminará? ¿Qué será una abeja de bronce?
2. Con la información presentada por el biógrafo, ¿entiendes el concepto? ¿Has leído una fábula? ¿Recuerdas alguna en particular? ¿Cómo eran los personajes, el estilo y el propósito?
3. Repasa la estrategia de lectura y piensa en las distintas simbologías que existen.

Las abejas de bronce

Desde el principio del tiempo el **Zorro** vivió de la **venta** de la miel. Era, aparte de una tradición de familia, una especie de vocación hereditaria. Nadie tenía la maña del Zorro para tratar a las **Abejas** (cuando las Abejas eran unos animalitos vivos y muy irritables) y hacerles rendir al máximo. Esto por un lado.

Por otro lado el Zorro sabía entenderse con el **Oso**, gran consumidor de miel y, por lo mismo, su mejor cliente. No resultaba fácil llevarse bien con el Oso. El Oso era un sujeto un poco brutal, un poco salvaje, al que la vida al aire libre, si le proporcionaba una excelente salud, lo volvía de una rudeza de manera que no todo el mundo estaba dispuesto a tolerarle.

(Incluso el Zorro, a pesar de su larga práctica, tuvo que sufrir algunas experiencias desagradables en ese sentido.) Una vez, por ejemplo, a causa de no sé qué cuestión baladí, el Oso destruyó de un **zarpazo** la balanza para pesar la miel. El Zorro no se inmutó ni perdió su sonrisa. (*Lo enterrarán con la sonrisa puesta*, decía de él, desdeñosamente, su tío el Tigre.) Pero le hizo notar al Oso que, conforme a la ley, estaba obligado a indemnizar aquel perjuicio.

—Naturalmente —se rió el Oso— te indemnizaré. Espera que corro a indemnizarte. No me alcanzan las piernas para correr a indemnizarte.

Y lanzaba grandes carcajadas y se golpeaba un **muslo** con la mano.

—Sí —dijo el Zorro con su voz tranquila—, sí, le aconsejo que se dé prisa, porque las Abejas se impacientan. Fíjese, señor.

Y haciendo un ademán teatral, un ademán estudiado, **señaló** las **colmenas**. El Oso se fijó e instantáneamente dejó de reír. Porque vio que millares de abejas habían abandonado los panales y con el rostro rojo de cólera, el ceño fruncido y la boca crispada, lo miraban de hito en hito y parecían dispuestas a atacarlo.

—No aguardan sino mi señal —agregó el Zorro, dulcemente. Usted sabe, detestan las **groserías**.

El Oso, que a pesar de su fuerza era un **fanfarrón**, palideció de miedo.

—Está bien, Zorro —balbuceaba—, repondré la balanza. Pero por favor, dígales que no me miren así, ordéneles que vuelvan a sus colmenas.

—¿Oyen, queriditas? —dijo el Zorro melifluamente, dirigiéndose a las Abejas—. El señor Oso nos promete traernos otra balanza.

Las Abejas **zumbaron** a coro. El Zorro las escuchó con expresión **respetuosa**. De tanto en tanto asentía con la cabeza y murmuraba:

—Sí, sí, conforme. Ah, se comprende. ¿Quién lo duda? Se lo transmitiré.

El Oso no cabía en su vasto pellejo.

—¿Qué es lo que están hablando, Zorro? Me tienes sobre ascuas.

El Zorro lo miró fijo.

—Dicen que la balanza deberá ser flamante.

—Claro está, flamante. Y ahora, que se vuelvan.

—Niquelada.

—De acuerdo, niquelada.

—Fabricación extranjera.

—¿También eso?

—Preferentemente suiza.

—Ah, no, es demasiado. Me extorsionan.

—Repítalo, señor Oso. Más alto. No lo han oído.

—Digo y sostengo que . . . Está bien, está bien. Trataré de complacerlas. Pero ordénales de una buena vez que regresen a sus panales. Me ponen nervioso tantas caras de abeja juntas, mirándome. El Zorro hizo un ademán raro, como un ilusionista, y las Abejas, después de lanzar al Oso una última mirada amonestadora, desaparecieron dentro de las colmenas. El Oso se alejó, un tanto **mohíno** y con la vaga sensación de que lo habían engañado. Pero al día siguiente reapareció trayendo entre sus brazos una balanza flamante, niquelada, con una chapita de bronce donde se leía: *Made in Switzerland*.

Lo dicho: el Zorro sabía manejar a las Abejas y sabía manejar al Oso. Pero, ¿a quién no sabía manejar ese zorro del Zorro?

Hasta que un día se inventaron las abejas artificiales.

Sí. Insectos de bronce, dirigidos electrónicamente, a control remoto (como decían los prospectos ilustrativos), podían hacer el mismo trabajo que las Abejas vivas. Pero con enormes ventajas. No se fatigaban, no **se extraviaban**, no quedaban atrapadas en las **redes** de las arañas, no eran devoradas por los Pájaros; no se alimentaban, a su vez, de miel, como las Abejas naturales (miel que en la contabilidad y en el alma del Zorro figuraba con grandes cifras rojas); no había, entre ellas, ni reinas, ni zánganos; todas iguales, todas obreras, todas dóciles, obedientes, fuertes, activas, de vida ilimitada, resultaban, en cualquier sentido que se considerase la cuestión, infinitamente superiores a las Abejas vivas.

El Zorro en seguida vio el negocio, y no dudó. Mató todos sus **enjambres**, demolió las colmenas de cera, con sus ahorros compró mil abejas de bronce y su correspondiente colmenar también de bronce, mandó instalar el tablero de control, aprendió a manejarlo, y una mañana los animales presenciaron, atónitos, cómo las abejas de bronce atravesaban por primera vez el espacio.

El Zorro no se había equivocado. Sin levantarse siquiera de su asiento, movía una **palanquita**, y una nube de abejas salía rugiendo hacia el norte, movía otra palanquita, y otro grupo de abejas disparaba hacia el sur, un nuevo movimiento de palanca, y un tercer enjambre se lanzaba en dirección al este, *et sic de ceteris*. Los insectos de bronce volaban raudamente, a velocidades nunca vistas, con una especie de zumbido amortiguado que era como el eco de otro zumbido; se precipitaban como una flecha sobre los **cálices**, sorbían rápidamente el néctar, volvían a levantar vuelo, regresaban a la colmena, se incrustaban cada una en su alvéolo, hacían unas rápidas contorsiones, unos ruiditos secos, *tric, trac, cruc*, y a los pocos instantes destilaban la miel, una miel pura, limpia, dorada, incontaminada, aséptica; y ya estaban en condiciones de recomenzar. Ninguna distracción, ninguna fatiga, ningún **capricho**, ninguna cólera. Y así las veinticuatro horas del día. El Zorro no cabía en sí de contento.

La primera vez que el Oso probó la nueva miel puso los ojos en blanco, hizo chasquear la lengua y, no atreviéndose a opinar, le preguntó a su mujer:

—Vaya, ¿qué te parece?

—No sé —dijo ella—. Le siento **gusto a** metal.

—Sí, yo también.

Pero sus hijos protestaron a coro:

—Papá, mamá, qué disparate. Si se ve a la legua que esta miel es muy superior. Superior en todo sentido. ¿Cómo pueden preferir aquella otra,
  elaborada por unos **bichos** tan sucios? En cambio ésta es más limpia,
  más higiénica, más moderna y, en una palabra, más miel.

El Oso y la Osa no encontraron razones con qué rebatir a sus hijos y permanecieron callados. Pero cuando estuvieron solos insistieron:

—Qué quieres, sigo prefiriendo la de antes. Tenía un sabor…

—Sí, yo también. Hay que convenir, eso sí, en que la de ahora viene
  pasteurizada.

Pero aquel sabor…

—Ah, aquel sabor…

Tampoco **se atrevieron** a decirlo a nadie, porque, en el fondo, se sentían orgullosos de servirse en un establecimiento donde trabajaba esa octava maravilla de las abejas de bronce.

—Cuando pienso que, bien mirado, las abejas de bronce fueron inventadas exclusivamente para nosotros… —decía la mujer del Oso.

El Oso no añadía palabra y aparentaba indiferencia, pero por dentro estaba tan ufano como su mujer.

De modo que por nada del mundo hubieran dejado de comprar y comer la miel destilada por las abejas artificiales. Y menos todavía cuando notaron que los demás animales también acudían a la tienda del Zorro a adquirir miel, no porque les gustase la miel, sino a causa de las abejas de bronce y para alardear de modernos. Y, con todo esto, las ganancias del Zorro crecían como un incendio en el bosque. Tuvo que tomar a su servicio un ayudante y eligió, después de meditarlo mucho, al **Cuervo**, sobre todo porque le aseguró que aborrecía la miel. Las mil abejas fueron pronto cinco mil; las cinco mil, diez mil. Se comenzó a hablar de las riquezas del Zorro como de una fortuna fabulosa. El Zorro se sonreía y se frotaba las manos.

Y entretanto los enjambres iban, venían, salían, entraban. Los animales apenas podían seguir con la vista aquellas ráfagas de puntos dorados que cruzaban sobre sus cabezas. Las únicas que, en lugar de admirarse, pusieron el grito en el cielo, fueron las Arañas, esas **analfabetas**. Sucedía que las abejas de bronce atravesaban las telarañas y las hacían pedazos.

—¿Qué es esto? ¿El fin del mundo? —chillaron las damnificadas la primera vez que ocurrió la cosa. Pero como alguien les explicó luego de qué se trataba, amenazaron al Zorro con iniciarle **pleito**. ¡Qué estupidez! Como decía la mujer del Oso:

—Es la eterna lucha entre la luz y la sombra, entre el bien y el mal, entre la civilización y la barbarie.

También los Pájaros se llevaron una sorpresa. Porque uno de ellos, en la primera oportunidad en que vio una abeja de bronce, abrió el pico y se la tragó. ¡Desdichado! La abeja metálica le **desgarró** las cuerdas vocales, se le embutió en el buche y allí le formó un tumor, de resultas del cual falleció al poco tiempo, en medio de los más crueles sufrimientos y sin el consuelo del canto, porque había quedado mudo. Los demás Pájaros escarmentaron.

Y cuando ya el Zorro paladeaba su prosperidad, comenzaron a aparecer los inconvenientes. Primero una nubecita, después otra nubecita, hasta que todo el cielo amenazó tormenta.

La serie de desastres quedó inaugurada con el episodio de las rosas artificiales. Una tarde, al vaciar una colmena, el Zorro descubrió entre la miel rubia unos **goterones** grises, opacos, de un olor nauseabundo y **sabor acre**. Tuvo que tirar toda la miel restante, que había quedado contaminada. Pronto supo, y por la colérica boca de la víctima, el origen de aquellos goterones repugnantes. Había sucedido que las abejas de bronce, desprovistas de instintos, confundieron un ramo de rosas artificiales de propiedad de la Gansa con rosas naturales, y cayendo sobre ellas les sorbieron la cera pintada de que estaban hechas y las dejaron convertidas en un guiñapo. El Zorro no solamente debió de sufrir la pérdida de la miel, sino indemnizar a la Gansa por daños y perjuicios.

—Malditas abejas —vociferaba mentalmente—. Las otras jamás habían caído en semejante error. Tenían un instinto infalible. Pero quién piensa en las otras. En fin, nada es perfecto en este mundo.

Otro día, una abeja, al introducirse como una centella en la corola de una azucena, **degolló** a un **Picaflor** que se encontraba allí alimentándose. La sangre del pájaro tiñó de rojo la azucena. Pero como la abeja, insensible a olores y sabores, no atendía sino sus impulsos eléctricos, libó néctar y sangre, todo junto. Y la miel apareció después con un tono rosa que alarmó al Zorro. Felizmente su empleado le quitó la preocupación de encima.

—Si yo fuese usted, Patrón —le dijo con su vocecita ronca y su aire de solterona—, la vendería como miel especial para niños.

—¿Y si resultase venenosa?

—En tan desdichada hipótesis yo estaría muerto, Patrón.

—Ah, de modo que la ha probado. De modo que mis subalternos me roban la miel. ¿Y no me juró que la aborrecía?

—Uno se sacrifica, y vean cómo le pagan —murmuró el Cuervo, poniendo cara de dignidad ultrajada—. La aborrezco, la aborreceré toda mi vida. Pero quise probarla para ver si era venenosa. Corrí el riesgo por usted. Ahora, si cree que he procedido mal, despídame, Patrón.

¿Qué querían que hiciese el Zorro, sino seguir el consejo del Cuervo? Tuvo un gran éxito con la miel rosa especial para niños. La vendió íntegramente. Y nadie se quejó. (El único que pudo quejarse fue el Cerdo, a causa de ciertas veleidades poéticas que asaltaron por esos días a sus hijos. Pero ningún Cerdo que esté en su sano juicio es capaz de relacionar la extraña locura de hacer versos con un frasco de miel tinta en la sangre de un Picaflor.)

El Zorro se sintió a salvo. Pobre Zorro, ignoraba que sus tribulaciones iban a igualar a sus abejas.

Al cabo de unos días observó que los insectos tardaban cada vez más tiempo en regresar a las colmenas.

Una noche, encerrados en la tienda, él y el Cuervo consideraron aquel nuevo enigma.

—¿Por qué tardan tanto? —decía el Zorro—. ¿A dónde diablos van? Ayer un enjambre demoró cinco horas en volver. La producción diaria, así, disminuye, y los gastos de electricidad aumentan. Además, esa miel rosa la tengo todavía atravesada en la garganta. A cada momento me pregunto: ¿Qué aparecerá hoy? ¿Miel verde? ¿Miel negra? ¿Miel azul? ¿Miel salada?

—Accidentes como el de las flores artificiales no se han repetido, Patrón. Y en cuanto a la miel rosa, no creo que tenga de qué quejarse.

—Lo admito. Pero ¿y este misterio de las demoras? ¿Qué explicación le encuentra?

—Ninguna. Salvo…

—¿Salvo qué?

El Cuervo cruzó gravemente las piernas, juntó las manos y miró hacia arriba.

—Patrón —dijo, después de reflexionar unos instantes—. Salir y vigilar a las abejas no es fácil. Vuelan demasiado rápido. Nadie, o casi nadie, puede seguirlas. Pero yo conozco un pájaro que, si se le unta la mano, se ocuparía del caso. Y le doy mi palabra que no volvería sin haber averiguado la verdad.

—¿Y quién es ese pájaro?

—Un servidor.

El Zorro abrió la boca para cubrir de injurias al Cuervo, pero luego lo pensó mejor y optó por aceptar. Pues cualquier recurso era preferible a quedarse con los brazos cruzados, contemplando la progresiva e implacable **disminución de las ganancias**.

El Cuervo regresó muy tarde, **jadeando** como si hubiese vuelto volando desde la China. (El Zorro, de pronto, sospechó que todo era una farsa y que quizá su empleado conocía la verdad desde el primer día.) Su cara no hacía presagiar nada bueno.

—Patrón —balbuceó—, no sé cómo decírselo. Pero las abejas tardan, y tardarán cada vez más, porque no hay flores en la comarca y deben ir a libarlas al extranjero.

—¿Cómo que no hay flores en la comarca? ¿Qué tontería es esa?

—Lo que oye, Patrón. Parece ser que las flores, después que las abejas les han sorbido el néctar, se doblan, se debilitan y se mueren.

—¡Se mueren! ¿Y por qué se mueren?

—No resisten la **trompa** de metal de las abejas.

—¡Diablos!

—Y no termina ahí la cosa. La planta, después que las abejas le asesinaron las flores…

—¡Asesinaron! Le prohíbo que use esa palabra.

—Digamos mataron. La planta, después que las abejas le mataron sus flores, se niega a florecer nuevamente. Consecuencia: en toda la comarca no hay más flores. ¿Qué me dice, Patrón?

El Zorro no decía nada. Nada. Estaba alelado.

Y lo peor es que el Cuervo no mentía. Las abejas artificiales habían devastado las flores del país. Entonces pasaron a los países vecinos, después a los más próximos, luego a los menos próximos, más tarde a los remotos y lejanos, y así, de país en país, dieron toda la vuelta al mundo y regresaron al punto de partida.

Ese día los Pájaros se sintieron invadidos de una extraña **congoja**, y no supieron por qué. Algunos, inexplicablemente, se suicidaron. El Ruiseñor quedó afónico y los colores del Petirrojo palidecieron. Se dice que ese día ocurrieron extraños acontecimientos. Se dice que, por ejemplo, los ríos dejaron de correr y las fuentes, de cantar. No sé. Lo único que sé es que, cuando las abejas de bronce, de país en país, dieron toda la vuelta al mundo, ya no hubo flores en el campo, ni en las ciudades, ni en los bosques, ni en ninguna parte.

Las abejas volvían de sus viajes, anidaban en sus alvéolos, se contorsionaban, hacían *tric, trac, cruc*, pero el Zorro no recogía ni una miserable gota de miel. Las abejas regresaban tan vacías como habían salido.

El Zorro se desesperó. Sus negocios se desmoronaron. **Aguantó** un tiempo gracias a sus reservas. Pero incluso estas reservas **se agotaron**. Debió despedir al Cuervo, cerrar la tienda, perder la clientela.

El único que no se resignaba era el Oso.

—Zorro —vociferaba—, o me consigues miel o te levanto la tapa de los sesos.

—Espere. Pasado mañana recibiré una partida del extranjero —le prometía el Zorro. Pero la partida del extranjero no llegaba nunca.

Hizo unas postreras tentativas. Envió enjambres en distintas direcciones. Todo inútil. El *tric, trac, cruc* como una burla, pero nada de miel.

Finalmente, una noche el Zorro desconectó los cables, destruyó el tablero de control, enterró en un pozo las abejas de bronce, recogió sus dineros y al favor de las sombras huyó con rumbo desconocido.

Cuando iba a cruzar la frontera escuchó a sus espaldas unas risitas y unas vocecitas de vieja que lo llamaban.

—¡Zorro! ¡Zorro!

Eran las Arañas, que a la luz de la luna tejían sus telas prehistóricas.

El Zorro les hizo una mueca obscena y se alejó a grandes pasos.

Desde entonces nadie volvió a verlo jamás.

GLOSARIO

abejas: insectos que van de flor en flor y producen miel
se agotaron (agotarse): se acabaron
aguantó (aguantar): toleró
analfabetas: personas que no saben leer
se atrevieron (atreverse): tuvieron el valor
bichos: insectos
cálices: parte interior de la flor
capricho: antojo
colmenas: hogar de las abejas
congoja: tristeza
cuervo: pájaro negro, grande
degolló (degollar): cortar el cuello a alguién
desgarró (desgarrar): destrozó, rompió en pedazos
disminución de las ganancias: bajada de los ingresos
enjambres: grupo de abejas
enterrarán (enterrar): pondrán el cadáver en el cementerio
se extraviaban (extraviarse): se perdían
fanfarrón: el que trata de salirse con lo suyo
goterones: gotas grandes
groserías: descortesías
gusto a: sabe a
jadeando (jadear): respirando rápidamente por falta de aire
mohíno: malhumorado
muslo: parte superior de la pierna
oso: animal grande y feroz de las sierras
palanquita: vara pequeña
picaflor: pajarito que se alimenta de las flores
pleito: caso en la corte, pelea
redes: la trampa para atrapar insectos o peces
sabor acre: gusto áspero, poco agradable
señaló (señalar): indicó
trompa: tubo largo, como la nariz de los elefantes
venta: negocio de vender un producto

zarpazo: golpe fuerte de la mano, o la pata
zorro: animal de cola larga
zumbaron (zumbar): hicieron sonido las abejas al volar

Después de leer

Los biógrafos y los historiadores nos han presentado la información sobre el autor, los temas comunes en su escritura y la época. También nos han dado información sobre el género de la fábula.

Interpretaciones y análisis

A. Tarea individual

1. Enumera los elementos básicos de la lectura y contesta las preguntas correspondientes a cada elemento.
2. Haz una lista de los símbolos utilizados y su interpretación.
3. Escribe una pregunta de interpretación y ofrece dos posibles respuestas.
4. Cumple con tu papel dentro de la comunidad:

   Los que resumen: Preparen un resumen del cuento, incluido el argumento y la descripción de los personajes.

   Los expertos del lenguaje: Preparen un análisis del tipo de lenguaje utilizado y den ejemplos. Expliquen brevemente las palabras clave de la lectura.

   Los intérpretes: ¿Cuál es el tema del cuento? Las fábulas incluyen una moraleja, ¿cuál es la moraleja de este cuento?

   Los moderadores: ¿Qué aspectos de la vida contemporánea se encuentran reflejados en el cuento? ¿Cómo simbolizan estos animales a los seres humanos? ¿Cómo se relaciona el papel de la tecnología en el cuento con el avance de la automatización?

B. Miembros de la comunidad

1. Comparen las respuestas de la tarea individual. Preparen una pregunta colectiva de interpretación.
2. Repasen las ideas de cada miembro de la comunidad. ¿Están todos de acuerdo con el resumen? ¿Queda claro el tema? ¿Está claro el propósito de Denevi? ¿Hay moraleja en el cuento?
3. Exploren el carácter de los personajes y el uso de simbolismo. ¿Qué representa cada personaje?

C. Discusión adicional

Los moderadores facilitan el análisis a la clase.

1. Cada grupo escribe las preguntas de interpretación en la pizarra. La clase entera escribe y explora 1 ó 2 preguntas.
2. Exploren los temas encontrados por los grupos.

   a. ¿Qué opinan sobre las ventajas y desventajas de las máquinas modernas que aparentemente nos facilitan la vida diaria? Buenos ejemplos son el uso del teléfono celular y del correo electrónico: ¿cómo influyen en nuestras relaciones personales estos avances de la comunicación?

   b. Se habla mucho del concepto de inteligencia artificial; es decir, que en un futuro no muy lejano las máquinas van a estar capacitadas para funcionar como los seres humanos. ¿Qué piensan de ello?

   c. ¿Logra convencernos Denevi de su perspectiva sobre la tecnología? ¿Cómo comparamos su estilo con el de Laura Esquivel o Carmen Naranjo? ¿Exigen los distintos temas distintos estilos?

Modelo 2: "Piedra" de Rosario Castellanos

¡A TRABAJAR, COMUNIDAD DE LECTORES!

Moderadores:

Diseñen con el instructor/la instructora el plan de la discusión. Vamos a leer un poema, un género que presenta el análisis social de manera muy distinta y proporciona información de manera sútil e implícita en vez de explícitamente.

Plan sugerido para esta lectura:

Dividan la clase en grupos manteniendo los mismos papeles de la primera lectura.

Biógrafos:

Repasen la información del capítulo 8 sobre Rosario Castellanos. Busquen más información sobre su vida y los temas que incluye en sus poemas. ¿Hay diferencia temática entre su poesía y otras obras escritas?

Historiadores:

Busquen información sobre la época en que vivió Castellanos y el movimiento feminista. Ayuden a la clase a entender los propósitos de este movimiento.

Antes de leer: una discusión preliminar

Rosario Castellanos (1925–1974), como leímos en el capítulo 8, hizo sus estudios en la ciudad de México donde se graduó de maestra de filosofía de la Universidad Nacional Autónoma de México. También realizó cursos de estilística y estética en España en la Universidad de Madrid. Se inició en la literatura como poeta pero en el transcurso de su larga carrera desarrolló escritos en todos los géneros, especialmente en poesía, ensayo y narrativa. Su obra se considera una de las más importantes de la narrativa mexicana del siglo XX.

Práctica preparatoria

1. Con un título tan sencillo, ¿qué esperamos encontrar en el poema?
2. Piensa en las diferencias estilísticas de un poema, un ensayo y un cuento. Al leer el poema, busca los elementos básicos de una lectura.
3. Piensa en lo que has estudiado sobre el simbolismo y toma apuntes de los ejemplos de simbolismo que encuentres.

Piedra

La piedra no se mueve.
En su lugar exacto
permanece.
Su **fealdad** está allí, en medio del camino,
donde todos **tropiecen**
y es, como el corazón que no se entrega,
volumen de la muerte.

Sólo el que ve se goza con el orden
que la piedra **sostiene**.
Sólo en el ojo puro del que ve
su ser se justifica y resplandece.
Sólo la boca del que ve la **alaba**.

Ella no entiende nada. Y obedece.

GLOSARIO

alaba (alabar): habla de una persona con palabras muy positivas
fealdad: lo opuesto de la belleza
sostiene (sostener): mantiene firmemente
tropiecen (tropezar): den con los pies en un objeto

Después de leer

Los biógrafos y los historiadores nos han presentado la información sobre la autora, los temas comunes en su escritura y la época en que escribió.

Interpretaciones y análisis

A. Tarea individual

1. Escribe los elementos básicos, un resumen del poema y el tema.
2. Escribe una pregunta de interpretación con dos posibles respuestas.
3. Explora el uso de los símbolos en este poema.
4. Cumple con el trabajo según el papel asignado.

B. Miembros de la comunidad

Júntense los grupos según el plan establecido.

1. Comparen las respuestas de la tarea individual.
2. Comparen las preguntas de interpretación y planteen una pregunta para compartir con la clase.

C. Discusión adicional

Los moderadores deben facilitar el análisis a la clase.

1. Cada grupo debe presentar su información a la clase, empezando con su versión del resumen y de los temas. ¿Se ha puesto de acuerdo toda la clase?
2. ¿Cuál es el propósito de la persona que habla en este poema? Compartan todos en la clase las preguntas de interpretación y exploren una o dos de estas preguntas.
3. Comparen algunas palabras clave de los grupos. ¿Qué impresiones dan del texto? ¿Cuál es el tono del poema?
4. ¿Cómo es el personaje principal del poema? ¿Están de acuerdo en quién es el personaje principal? Se presenta un contraste entre su apariencia exterior y su aspecto interno. ¿Cómo se presentan estas dos perspectivas?
5. Comparen el uso del simbolismo de Denevi con el de Castellanos. ¿Cómo evalúan el valor de cada lectura?

PASO 2   ESCRIBIR POR MODELOS

La escritura analítica: El análisis comparativo

Para continuar el desarrollo de la escritura analítica, pasemos ahora al análisis comparativo. El método científico nos servirá de modelo, puesto que el trabajo del científico es investigar la información que ya existe sobre un tema, crear una hipótesis sobre posibles investigaciones, experimentar con la hipótesis, comparar sus resultados con los que ya existen y procurar sacar las posibles consecuencias positivas y negativas. Igual que los científicos, los escritores usan un proceso de comparación analítica para investigar un tema y crear una nueva hipótesis sobre el mismo. Hay varios tipos de comparación, como podemos ejemplificar con las lecturas anteriores:

1. *La comparación de obras distintas.* "Mi tío Cirilo" de Ulibarrí y "Un día de estos" de García Márquez. Mientras que Ulibarrí presenta el retrato familiar de un hombre, visto por su sobrino, García Márquez ofrece su propia perspectiva sobre dos hombres de diferentes posiciones sociales. Los dos comunican algo del carácter del hombre, pero con técnicas distintas.

2. *La comparación entre elementos.* el simbolismo en "Versos sencillos" de Martí y "Las abejas de bronce" de Denevi, o el simbolismo utilizado por Castellanos. Martí observa lo siguiente: "Mi verso es de un verde claro/y de un carmín encendido". Denevi usa los animales para representar las características de los seres humanos; por ejemplo, el zorro ejemplifica la codicia. Castellanos utiliza la poesía y el concepto de "piedra".

3. *La comparación de obras del mismo autor.* "Lección de cocina" y "Piedra" de Castellanos. Se puede estudiar el lenguaje y el estilo de Castellanos buscando diferencias en el tratamiento político de los sexos en las dos lecturas.

4. *La comparación entre dos lecturas con el mismo tema.* el autorretrato en "Borges y yo" de Borges y el poema "Los versos sencillos" de Martí. Las dos obras exploran cuestiones de identidad.

5. *La comparación dentro de una misma obra.* los personajes dentro de *Como agua para chocolate* de Esquivel. La madre y sus hijas comparten rasgos tradicionales aunque se diferencian en sus perspectivas hacia la tradición.

Práctica

1. Reflexiona sobre los textos leídos este semestre e identifica otros posibles ejemplos de análisis comparativo. Comparte tus ideas con la clase.

2. Escoge uno de los ejemplos de comparación presentados anteriormente, o utiliza uno de los ejemplos adicionales encontrados por la clase y construye un bosquejo del desarrollo de la comparación.

Estrategias del proceso: El cuaderno personal

Mantener un cuaderno personal resulta muy útil. En él puedes escribir sin la presión de tener que entregar una tarea en particular. Casi todos los profesionales que hemos visto usan su propia forma de cuaderno personal. A los reporteros se les visualiza con su bloc de datos, a los abogados con su portafolio de argumentos y a los científicos con una libreta donde guardan los apuntes de sus investigaciones.

Para los estudiantes de español, el cuaderno personal ofrece varias ventajas: inculcar la costumbre de escribir diariamente en español, lo cual mantiene vivas las habilidades lingüísticas; practicar libremente con varios estilos sin temor a ser criticados; explorar el estilo y voz propios, jugando con nuevas ideas de forma abierta; y mantener listas de palabras e ideas preferidas para incorporar en otras composiciones.

Práctica

Si nunca has hecho uso de un cuaderno personal, hazlo durante toda una semana. No tiene que ser un proceso complicado. Usa un cuaderno que ya tengas a mano o compra uno sencillo, o algo especial. Debes pasar de 5 a 10 minutos cada día, escribiendo en español, pensamientos personales o comentarios sobre el contenido de la clase.

Estrategias para escribir: La estructura del análisis comparativo

Hemos estudiado métodos para identificar la comparación en la lectura y utilizar la comparación en la escritura, en términos de estilo, con el fin de dar más vida a la composición. Exploremos entonces unas recomendaciones para la estructura del análisis comparativo:

1. *Comparar los mismos elementos:* Si vas a comparar el uso de la metáfora, el lenguaje figurado y el simbolismo dentro de dos obras, asegúrate de tratar el mismo elemento en cada obra. Si quieres comparar dos obras, deberían de existir elementos comunes. Antes de empezar, utiliza uno de los procesos de generar ideas, como "La estrella" o "El filtro", para determinar el tipo de semejanzas/diferencias entre las dos obras.
2. *Escribir con una estructura organizada, coherente y lógica:* La comparación tiene que ser sistemática. Es útil hacer un esquema de los elementos de cada obra. Con el esquema, construye el orden que vas a seguir.
3. *Mantener una idea clara del propósito y del desarrollo:* Para no perderte en los detalles, evita la trampa de caer en el resumen o la cita en exceso. Es cuestión de repasar lo escrito y darle coherencia. Piensa en el propósito de la comparación, apoya tu tesis y presenta un argumento contrario.

PASO 3   CREAR NUESTRO MODELO

Llegó el momento de realizar el papel de científico. Pensemos en el mundo de las investigaciones científicas, las responsabilidades del científico y el papel que tiene en el mundo de hoy en día. Escoge uno de los siguientes temas:

1. Elige un aparato tecnológico moderno. ¿Ha mejorado la vida este aparato? Desarrolla un análisis comparativo de dos objetos y establece

una hipótesis sobre sus posibles consecuencias positivas y negativas para los seres humanos.

2. Escribe una fábula al estilo de Denevi, en la que propongas una hipótesis sobre la tecnología y sus posibles consecuencias. Necesitas conocer bien el uso del objeto.

3. Escribe un poema al estilo de Castellanos, en el que propongas una hipótesis social por medio del simbolismo.

Estrategias para editar: El toque personal

Como estudiamos en el capítulo 8, al editar queremos tener presentes todas las posibilidades acerca de la estructura y el estilo; editar es saber manejar la variedad. Cada ensayo que escribimos, ya sea de índole analítica o profesional, es un producto personal. Cada uno de los escritores que hemos estudiado tiene sus propios recursos y técnicas que muestran un estilo particular. Igual nos pasa a nosotros. Sin embargo, los estilos personales no son fijos; podemos cambiar el estilo según el propósito del texto. Recordemos dos modelos para presentar una descripción y exploremos la diferencia entre ellos:

Primero, el escritor Sabine Ulibarrí. Volvamos al retrato de "Mi tío Cirilo" de Ulibarrí. La descripción se hace desde la perspectiva de un niño, el sobrino. La decisión de usar los ojos de un niño le permite utilizar un lenguaje informal que casi parece un relato narrado oralmente. Tanto la selección de vocabulario, como el tipo de oraciones, revelan cierta sencillez. Incluye oraciones breves y hasta fragmentos.

Pero dentro de tal sencillez, hay muestras de un ojo adulto; sabemos que es, a fin de cuentas, un retrato escrito por alguien con más madurez que un niño. Aunque es el "niño" el que inicia el cuento con "Era grande, era fuerte, era gordo", parece que es otro personaje más adulto el que continúa "Su bigote negro y denso era desafío y amenaza"; ya que no es común que un niño incorpore tal lenguaje metafórico. También hay momentos de ironía y humor, como las oraciones: "Algunos decían que Cresencia andaba armado... Otros decían que el difunto no andaba armado. El difunto, claro, no dijo nada".

Esta combinación de voz juvenil e informal con la de una voz mayor y sabia crea un relato accesible y estilísticamente rico. El retrato se nos revela de forma directa.

Segundo, el escritor Gabriel García Márquez. Mientras Ulibarrí presenta el retrato con un estilo informal y humorístico, Márquez describe al dentista en el cuento "Un día de estos", con un estilo sutil y tenso. No hay narrador explícito sino uno omnisciente, lo cual indica más distancia entre el lector y el personaje. Al principio el narrador ofrece unas palabras descriptivas sobre el dentista, pero principalmente lo vamos conociendo por sus acciones y por el desenlace de la trama.

"Don Aurelio Escobar, dentista sin título y buen madrugador, abrió su gabinete a las seis. Sacó de la vidriera una dentadura… y puso sobre la mesa un puñado de instrumentos que ordenó de mayor a menor, como en una exposición."

"Cuando tuvo las cosas dispuestas sobre la mesa rodó la fresa hacia el sillón de resortes y se sentó a pulir la dentadura postiza. Parecía no pensar en lo que hacía, pero trabajaba con obstinación, pedaleando en la fresa incluso cuando no se servía de ella."

En comparación con Ulibarrí, Márquez utiliza oraciones largas, coordinadas y subordinadas. Aunque no hay mucha descripción directa del dentista, por las acciones expuestas sabemos que es un hombre trabajador, sosegado, pensador y obstinado. La descripción indirecta y sutil aumenta la tensión deseada entre el dentista y el alcalde. Ulibarrí, en cambio, expresa la intimidad entre familiares bajo la perspectiva del niño y el humor. En fin, los dos escritores retratan ampliamente sus personajes de manera muy distinta y correspondiéndose con el propósito del texto. Continuemos esta exploración de toque personal en el Manual.

CLAVES DE LA COMPOSICIÓN: CONSIDERARSE ESCRITOR

En esta etapa de nuestro estudio, podemos ver cómo la escritura de manera regular consiste en varios procesos de reflexión, desarrollo y redacción. La escritura diaria también nos ayuda a conocernos mejor y a aprender a calificarnos como escritores. Otra clave importante de los escritores es establecer su propia rutina con respecto a los pasos críticos de la escritura.

¿Tienes una rutina que te ayuda a cumplir con las asignaturas? ¿Se corresponde con los pasos de la escritura?

El uso de fichas. Muchos escritores siempre llevan consigo un cuaderno o fichas para poder escribir ideas en el momento que surgen. Se dice que uno de los errores más graves es tener la epifanía de una idea pero no poder recordarla después. Otros usan fichas a la hora de proponer ideas y pensar en el orden de la obra.

Establecer el tiempo y el espacio para escribir, y protegerlos. Teniendo en cuenta los pasos necesarios de la escritura, es preferible tener la rutina que más se corresponda con tu estilo personal y que te permita el tiempo necesario para cumplir bien con el trabajo. La escritura de un ensayo se inicia en el momento en que empiezas a pensar en el tema.

Entender la riqueza de las palabras. Es decir, sentirse libre de escribir mucho y guardar poco. El cuaderno personal es útil para aprender a escribir sin tener que pensar en redactar. Con los ensayos es importante poder eliminar todo lo que no apoye adecuadamente al argumento.

Considerarse editor defensor y crítico. Escribir es sentirse libre de cometer errores y tener una disciplina de trabajo y redacción para alcanzar el efecto deseado. Trata de inculcarte el hábito de evaluar tu propia obra y de reconocer lo positivo y lo negativo de la misma.

Establecer tu propio estilo. Considera los distintos estilos presentados en este libro y los de tus ensayos. ¿Reconoces un estilo que te guste?

Redactar nuestro modelo y la lista de verificación

En los capítulos 8 y 9, hemos estudiado varias maneras de escribir un análisis social. Pensando en los modelos del sociólogo y del científico, vuelve a leer tu ensayo. Antes de entregarlo, repasa la lista de verificación.

¡OJO! Lista de verificación:

1. ____He hecho una escritura libre y varios borradores, con un título y una primera oración apropiados.
2. ____He utilizado una perspectiva, con una tesis e ideas de apoyo coherentes con el tema.
3. ____He prestado atención a la introducción, la conclusión y la separación entre párrafos.
4. ____He prestado atención al registro, a la selección de los tiempos verbales, y al uso de la coordinación y la subordinación.
5. ____He tenido en cuenta a un público particular e integrado un lenguaje apropiado.
6. ____He realizado un análisis comparativo con puntos de apoyo bien citados.
7. ____El ensayo refleja mi propio estilo y el propósito deseado.
8. ____Pensando en la clave editorial, he prestado atención a los aspectos de la organización, el estilo y la gramática.

CAPÍTULO

10

Escritor escritor

En éste, nuestro capítulo final, vamos a combinar todos los modelos en un modelo único: el del escritor. Hemos explorado las funciones de muchas profesiones para aprender a realizar un trabajo amplio y exhaustivo de la lectura y la escritura: el fotógrafo, el reportero, el pintor, el cuentista, el crítico, el abogado, el crítico literario, el sociólogo y el científico. Cada modelo nos ha ofrecido una nueva perspectiva de la escritura. Ahora veremos al escritor como escritor: nuestra jornada termina donde empezamos, es decir, con las preguntas de identidad, pero esta vez conscientes de todo lo que significa ser escritor.

Vamos a repasar cada paso —lectura, escritura, redacción y creación— con el fin de reflexionar sobre lo estudiado. Es el momento también de tomar decisiones. No sólo te corresponde pensar en cada modelo, sino también ofrecer tus propias recomendaciones como escritor con una voz y un estilo propios.

La tarea entonces es la de estudiarte a ti mismo como escritor. Vas a considerar todas las composiciones que has hecho a lo largo del curso, vas a evaluarlas y a pensar en tu proceso de escritura de un ensayo. Puesto que la escritura se beneficia de un proceso colaborativo, también vas a compartir con el grupo tus comentarios sobre tu proceso y vas a identificar las áreas en las que todavía deseas desarrollar tu estilo. Reflexionaremos también sobre nuestra comunidad de lectores y los distintos papeles que ésta desempeña.

El modelo del capítulo es "La cámara oscura" de Angélica Gorodischer, que trata de preguntas de auto identidad, exploradas bajo las perspectivas de dos generaciones y de los propios individuos.

PASO 1   LEER POR MODELOS

Estrategias de lectura: ¿Cómo soy como lector?

¿Cómo te caracterizarías a ti mismo como lector? Vamos a repasar nuestro papel de lectores críticos. Considera los métodos que usabas para leer antes del curso. ¿Qué proceso seguías? ¿Tomabas apuntes? ¿Cómo te dabas cuenta si comprendías bien el texto o no? ¿Has cambiado este proceso durante el semestre? Considera los papeles que caben dentro de la comunidad de lectores también. ¿Hay algún papel que te gusta más? ¿Hay algún papel que te presenta más desafíos?

Para ti, ¿cuáles son las tareas más importantes para lograr leer y discutir bien un texto?

Modelo: Angélica Gorodischer, "La cámara oscura"

¡A TRABAJAR, COMUNIDAD DE LECTORES!

En este capítulo final se integran las funciones particulares de cada miembro de la comunidad de lectores. Sabemos lo que aporta cada miembro dentro la comunidad; ahora nos toca integrar sus funciones en un estilo personal.

Plan sugerido para esta lectura:

En este momento la clase y los estudiantes no deben dividirse en grupos. Es hora de que todos cumplan con las funciones de cada papel, viéndose como lectores integrales y críticos.

Todos:

Busquen información sobre Gorodischer y su época. Busquen información e ilustraciones también de una cámara oscura. ¿Cómo funciona este tipo de cámara?

Antes de leer: una discusión preliminar

Angélica Gorodischer (1929–) nació en Buenos Aires aunque considera a la ciudad del interior, Rosario, su ciudad natal, de adopción. Femenista arraigada, Gorodischer presenta en este cuento una doble visión de la situación de la mujer de hace un siglo y la de una época más contemporánea. Este cuento aborda una riqueza de temas: la mujer, los deshabilitados, los inmigrantes, las relaciones familiares y la belleza.

Práctica preparatoria

1. Después de conocer lo que es una cámara oscura, ofrece una hipótesis sobre la selección del nombre de este objeto como título.
2. Al leer la introducción de esta lectura, hemos visto que plantea varios temas. Mientras lees el cuento, piensa en las posibles interpretaciones.
3. El propósito de este capítulo es evaluarnos como lectores, utilizando lo estudiado sobre las estrategias de lectura y las funciones incorporadas por los miembros de la comunidad de lectores. Al leer, piensa en tu proceso de lectura y las estrategias más utilizadas.

La cámara oscura

—A Chela Leyba

Ahora resulta que mi abuela Gertrudis es un personaje y que en esta casa no se puede hablar mal de ella. Así que como yo siempre hablé mal de ella y toda mi familia también, lo que he tenido que hacer es **callarme** y no decir nada, ni nombrarla siquiera. Hágame el favor, quién entiende a las mujeres. Y eso que yo no me puedo quejar: mi Jaia es de lo mejorcito que hay. Al lado de ella yo soy bien poca cosa: no hay más que verla, como que en la colectividad todo el mundo la empezó a mirar **con ganas** en cuanto cumplió los quince, tan rubia y con esos ojos y esos modos y la manera que tiene de levantar la cabeza, que no hubo *shotjen* que no pensara en casarla bien, pero muy bien, por lo menos con uno de los hijos del viejo Saposnik el de los repuestos para automotores, y para los dieciséis ya la tenían loca a mi suegra con ofrecimientos y que esto y que lo otro y que tenía que **apuntar** bien alto. Y esa misma Jaia que se casó conmigo y no con uno de esos ricachones, aunque a mí, francamente, tan mal no me va, ella que a los treinta es más linda que a los quince y que ni se le nota que ya tiene dos hijos grandes, Duvedl y Batia, tan parecidos a ella pero que sacaron mis ojos negros, eso sí, esa misma Jaia que siempre es tan dulce y suave, se puso **hecha una fiera** cuando yo dije que la foto de mi abuela Gertrudis no tenía por qué estar encima de la chimenea en un marco dorado con adornos que le deben haber costado sus buenos pesos, que no me diga que no. Y esa foto, justamente.

Ésa.

— Que no se vuelva a hablar del asunto —me dijo Jaia cuando yo le dije
que la sacara—, ni se te ocurra. Yo puse la foto ahí y ahí se queda.

— Bueno, está bien —dije yo—, pero por lo menos no esa foto.

— Y qué otra, vamos a ver, ¿eh? —dijo ella—. Si fue la única que se sacó
en su vida.

— Menos mal —dije yo—, *¡zi es gevein tzi miss!*

Ni acordarme quiero de lo que dijo ella.

Pero es cierto que era fea mi abuela Gertrudis, fea **con ganas**, chiquita,
flaca, negra, **chueca**, **bizca**, con unos anteojos redondos de armazón de
metal ennegrecido que tenían una patilla rota y arreglada con unas vueltas
de piolín y un nudo, siempre vestida de negro desde el pañuelo en la cabeza
hasta las zapatillas. En cambio mi abuelo León tan buen mozo, tan gran-
dote, con esos **bigotazos** de rey y vestido como un señor que parece que
llena toda la foto, y los ojos que le brillan como dos faroles. Apenas si se le
ve a mi abuela al lado de él, eso es una ventaja. Para colmo están alrededor
todos los hijos que también eran grandotes y buenos mozos, los seis varones
y las dos mujeres: mis tíos Aarón, Jaime, Abraham, Salo e Isidoro; y Samuel,
mi padre, que era el más chico de los varones. Y mis tías Sara y Raquel están
sentadas en el suelo cerca de mi abuelo. Y atrás se ven los árboles y un pedazo de la casa.

Es una foto bien grande, en cartulina gruesa, medio de color marrón
como eran entonces, así que bien caro le debe haber sido **marco dorado**
con adornos y no es que yo me fije en esas cosas: Jaia sabe que puede darse
sus gustos y que yo nunca le he hecho faltar nada ni a ella ni a mis hijos, y
que mientras yo pueda van a tener de todo y no van a ser menos que otros.
Faltaba más.

Por eso me duele esto de la foto sobre el estante de mármol de la
chimenea pero claro que mucho no puedo protestar porque la culpa es mía y
nada más que mía por andar hablando demasiado. Y por qué no va a poder
un hombre contarle a su mujer cosas de su familia, vamos a ver; casi diría
que ella tiene derecho a saber todo lo que uno sabe. Y sin embargo cuando le
conté a Jaia lo que había hecho mi abuela Gertrudis, medio en broma y medio en serio, quiero decir que un poco divertido como para quitarle importancia a la tragedia y un poco indignado como para demostrar que yo sé que lo
que es justo es justo y que no he sacado las malas inclinaciones de mi abuela,
cuando se lo conté una noche de verano y que volvíamos de un cine con
refrigeración y habíamos comprado helados y los estábamos comiendo en la
cocina los dos solos porque los chicos dormían, ella dejó de comer y cuando
terminó **golpeó** con la cuchara en la mesa y me dijo que no lo podía creer.

— Pero es cierto —dije yo—, claro que es cierto. Pasó así nomás como te
lo conté.

— Ya sé —dijo Jaia y se levantó y se paró al lado mío con los brazos cruzados y mirándome enojada—, ya sé que pasó así, no lo vas a haber

inventado vos. Lo que no puedo creer es que seas tan desalmado como para reírte de ella y decir que fue una mala mujer.

— Pero Jaia —alcancé a decir.

— Qué pero Jaia ni qué nada —me gritó. Menos mal que no **me enteré** de eso antes que nos casáramos. Menos mal para vos, porque para mí es una **desgracia** venir a enterarme a esta altura de mi vida que estoy casada con un bruto sin sentimientos.

Yo no entendía nada y ella se fue dando un portazo y me dejó solo en la cocina, solo y pensando qué sería lo que había dicho yo que la había puesto tan furiosa. Fui hasta la puerta pero cambié de idea y me volví. Hace diez años que estamos casados y la conozco muy bien, aunque pocas veces la había visto tan enojada. Mejor dejar que se tranquilizara. Me comí lo que quedaba de mi helado, guardé en el congelador los que habíamos traído para los chicos, le pasé el repasador a la mesa y dejé los platos en la pileta. Me fijé que la puerta y la ventana que dan al patio estuvieran bien cerradas, apagué la luz y me fui a acostar. Jaia dormía o se hacía la que dormía. Me acosté y miré el techo que se veía gris con la luz que entraba por la ventana abierta. La toqué apenas:

— Jaia —le dije—, *mein taier meidale*— como cuando éramos novios.

Nada. Ni se movió ni me contestó, ni respiró más fuerte ni nada. Está bien, pensé, si no quiere no quiere, ya se le va a pasar. Puse la mano en su lugar y cerré los ojos. Estaba medio dormido cuando voy y miro el techo gris otra vez porque me había parecido que la oía llorar. Pero debo haberme equivocado, no era para tanto. Me dormí de veras y a la mañana siguiente era como si no hubiera pasado nada.

Pero ese día cuando vuelvo del negocio casi de noche, cansado y con hambre, qué veo. Eso, el **retrato** de mi abuela Gertrudis en su marco dorado con adornos encima de la chimenea.

— ¿De dónde sacaste eso? —le dije, señalándoselo con el dedo.

— Estaba en el estante de arriba del placard —me dijo ella con una gran sonrisa—, con todas las fotos de cuando eras chico que me regaló tu madre.

— Ah, no —dije yo y alargué las manos como para sacarlo de ahí.

— Te advierto una cosa, Isaac Rosenberg —me dijo muy despacio y yo me di cuenta de que iba en serio porque ella siempre me dice Chaqui como me dicen todos y cuando me dice Isaac es que no está muy contenta y nunca me ha dicho con el **apellido** antes salvo una vez—, te advierto que si sacás esa foto de ahí yo me voy de casa y me llevo los chicos.

Lo decía de veras, yo la conozco. Sé que lo decía de veras porque aquella otra vez que me había llamado por mi nombre y mi apellido también me **había amenazado** con irse, hacía mucho de eso y no teníamos los chicos y para decir la verdad las cosas no habían sido como ella creyó que habían sido pero mejor no hablar de eso. Yo bajé las manos y las metí en los bolsillos y pensé que era un capricho y que bueno, que hiciera lo que quisiera, que yo ya iba a tratar de convencerla de a poco. Pero no la convencí; no la convencí nunca y la foto sigue ahí. A Jaia se le pasó el enojo y dijo bueno vamos a comer que hice *kuguel* de arroz.

Lo hace con la receta de mi suegra y ella sabe que me gusta como para comerme tres platos y yo sé que ella sabe y ella sabe que yo sé, por algo lo había hecho. Me comí nomás tres platos pero no podía dejar de pensar en por qué Jaia se había puesto así, por qué quería tener la foto encima de la chimenea y qué tenía mi abuela Gertrudis para que se armara en mi casa tanto lío por ella.

Nada, no tenía nada, ni nombre tenía, ni un buen y honesto nombre judío, Sure o Surke, como las abuelas de los demás, no señor: Gertrudis. Es que no hizo nunca nada bien ni a tiempo, ni siquiera nacer. Como que mis bisabuelos venían en barco con tres hijos y mi bisabuela **embarazada**. De Rusia venían, pero habían salido de Alemania para Buenos Aires en el "Madrid" y cuando el barco atracó, en ese mismo momento a mi bisabuela le empezaron los dolores del parto y ya creían que mi abuela iba a nacer en cubierta entre los baúles y los canastos y los paquetes y la gente que iba y venía, aunque todavía no sabían que lo que venía era una chica. Pero mi bisabuelo y los hijos tuvieron que ir a tierra porque ya iban pasando casi todos y mi bisabuela quedó allá arriba retorciéndose y viendo a su familia ya en tierra argentina y entonces pensó que lo mejor era que ella también bajara y su hijo fuera argentino. Despacito, de a poco, agarrándose de la baranda y con un marinero que la ayudaba, fue bajando. Y en medio de la **planchada**, ¿qué pasa? Sí, justamente, en medio de la planchada nació mi abuela. Mi bisabuela se dejó caer sobre los maderos y allí mismo, con ayuda del marinero alemán que gritaba algo que nadie entendía salvo los otros marineros alemanes, y de una mujer que subió corriendo, llegó al mundo el último hijo de mi bisabuela, mi abuela Gertrudis.

De entrada nomás ya hubo lío con ella. Mi abuela, ¿era argentina o era alemana? Yo creo que ni a la Argentina ni a Alemania les importaba un pito la nacionalidad de mi abuela, pero los empleados de inmigración estaban llenos de reglamentos que no decían nada sobre un caso parecido y no sabían qué hacer. Aparte de que parece que mi bisabuela se las traía y a pesar de estar recién parida empezó a los **alaridos** que su hija era argentina como si alguien entendiera lo que gritaba y como si con eso le estuviera haciendo un regalo al país al que acababa de llegar, y qué regalo.

Al final fue argentina, no sé quién lo resolvió ni cómo, probablemente algún empleado que estaba apurado por irse a almorzar, y la anotaron en el puerto como argentina llegada de Alemania aunque no había salido nunca de acá para allá, y otro lío hubo cuando le preguntaron a mi bisabuelo el nombre. Habían pensado en llamarlo Ichiel si era varón, pero con todos los **apurones** del viaje no se les había ocurrido que podía ser una chica y que una chica también necesita un nombre. Mi bisabuelo miró a su mujer que parece que era lo que hacía siempre que había que tomar una decisión, pero a ella se le habían terminado las energías con los dolores, los pujos, la bajada por la planchada, los alaridos y los reclamos sobre la nacionalidad de su hija que a todo esto berreaba sobre un mostrador envuelta en un saco del padre.

— Póngale Gertrudis, señor, es un lindo nombre —dijo el empleado de inmigración.

— ¿Cómo? —dijo mi bisabuelo, claro que en ruso.

— Mi novia se llama Gertrudis —dijo el tipo.

Mi bisabuelo supo recién después, al salir del puerto con la familia, el equipaje y la recién nacida, lo que el empleado había dicho, porque se lo tradujo Naum Waisman que había ido a buscarlos con los dos hijos y el carro, pero para entonces mi abuela ya se llamaba Gertrudis.

— Sí, sí —dijo mi bisabuelo medio aturdido.

— Gertrudis, ¿entiende? es un lindo nombre —dijo el empleado.

— Gertrudis —dijo mi bisabuelo como pudo y pronunciando mal las erres, y así le quedó porque así la anotaron en el puerto.

De los otros **líos**, los que vinieron después con el registro civil y la partida de nacimiento, más vale no hablar. Eso sí, por un tiempo todo estuvo tranquilo y no pasó nada más. Es decir, sí pasó, pero mi abuela no tuvo nada que ver.

Pasó que estuvieron un mes en lo de Naum hasta aclimatarse, y que después se fueron al campo. Allí mi bisabuelo trabajó como tantero pero en pocos años se compró la **chacra** y la hizo progresar, al principio trabajando de sol a sol toda la familia y después ya más aliviados y con peones; y todo anduvo bien, tan bien que hasta compró unas cuantas hectáreas más hasta que llegó a tener una buena propiedad.

Para ese entonces mi abuela Gertrudis tenía quince años y ya era horrible. Bizca había sido desde que nació en la planchada del barco alemán, pero ahora era esmirriada y chueca y parecía muda, tan poco era lo que hablaba. Mi bisabuelo tenía un montón de amigos en los campos vecinos y en el pueblo adonde iban todos los viernes a la mañana a quedarse hasta el sábado a la noche en lo de un primo hermano de mi bisabuela. Pero ni él ni su mujer tenían muchas esperanzas de casar a esa hija fea y antipática. Hasta que apareció mi abuelo León como una bendición del cielo.

Mi abuelo León no había nacido en la planchada de un barco, ni alemán ni de ninguna otra nacionalidad. Había nacido como se debe, en su casa, o mejor dicho en la de sus padres, y desde ese momento hizo siempre lo que debía y cuando debía, por eso todo el mundo lo quería y lo respetaba y nadie se rió de él y nadie pensó que era una desgracia para la familia.

Era **viudo** y sin hijos cuando apareció por lo de mis bisabuelos, viudo de Ruth Bucman que había muerto hacía un año. Parece que a mi bisabuela ya le habían avisado de qué se trataba porque lavó y peinó y perfumó a su hija y le recomendó que no hablara aunque eso no hacía falta, y que mirara siempre al suelo para que no se le notara la bizquera que eso era útil pero tampoco hacía falta, y para que de paso se viera que era una niña inocente y tímida.

Y así fue como mi abuelo León se casó con mi abuela Gertrudis, no a pesar de que fuera tan fea sino precisamente porque era tan fea. Dicen que Ruth Bucman era la muchacha más linda de toda la colectividad, de toda la provincia, de todo el país y de toda América. Dicen que era pelirroja y tenía unos ojos verdes almendrados y una boca como el pecado y la **piel** muy blanca y las manos largas y finas; y dicen que ella y mi abuelo León hacían una pareja como para darse vuelta y quedarse mirándolos. También dicen que ella tenía **genio** endemoniado y que les hizo la vida imposible a su padre, a su madre, a sus hermanos, a sus cuñadas, a sus sobrinos, a sus vecinos y a todo el pueblo. Y a mi abuelo León mientras estuvo casada con él.

Para colmo no tuvo hijos: ni uno solo fue capaz de darle a su marido, a lo mejor nada más que para hacerlo quedar mal, porque hasta ahí parece que llegaba el veneno de esa mujer. Cuando murió, mi abuelo largó un suspiro de alivio, durmió dos días seguidos, y cuando se levantó se dedicó a descansar, a ponerse brillantina en el bigote y a irse a caballo todos los días al pueblo a visitar a los amigos que Ruth había ido alejando de la casa a fuerza de gritos y de malos modos.

Pero eso no podía seguir así por mucho tiempo; mi abuelo León era todo un hombre y no estaba hecho para estar solo toda la vida, aparte de que la casa se estaba viniendo abajo y necesitaba la mano de una mujer, y el campo se veía casi abandonado y algunos habían empezado a **echarle el ojo** calculando que mi abuelo lo iba a vender casi por nada. Fue por eso que un año después del velorio de su mujer mi abuelo decidió casarse, y acordándose del infierno por el que había pasado con Ruth, decidió casarse con la más fea que encontrara. Y se casó con mi abuela Gertrudis.

La fiesta duró tres días y tres noches en la chacra de mi bisabuelo. Los músicos se turnaban en el galpón grande y las mujeres no daban abasto en la cocina de la casa, en la de los peones y en dos o tres fogones y hornos que se habían improvisado al aire libre. Mis bisabuelos **tiraron la casa por la ventana** con gusto. Hay que ver que no era para menos, si habían conseguido sacarse de encima semejante clavo y casarla con el mejor candidato en cien leguas a la redonda.

Mi abuela no estuvo los tres días y las tres noches en la fiesta. Al día siguiente nomás de la ceremonia ya empezó a trabajar para poner en orden la casa de su marido y a los nueve meses nació mi tío Aarón y un año después nació mi tío Jaime y once meses después nació mi tío Abraham y así. Pero ella no paró nunca de trabajar. Hay que ver las cosas que contaba mi tía Raquel de cómo se levantaba antes que amaneciera y preparaba la comida para todo el día, limpiaba la casa y salía a trabajar en el campo; y de cómo cosía de noche mientras todos dormían y les hacía las camisas y las bombachas y hasta la ropa interior a los hijos y al marido y los vestidos a las hijas y las sábanas y los manteles y toda la ropa de la casa; y de los dulces y las confituras que preparaba para el invierno, y de cómo **sabía manejar** a los animales, enfardar, embolsar y ayudar a cargar los carros. Y todo eso sin decir una palabra, siempre callada, siempre mirando al suelo para que no se le notara la bizquera. Hay que reconocer que le alivió el trabajo a mi abuelo León, chiquita y flaca como era, porque tenía el aguante de dos hombres juntos. A la tarde mi abuelo ya no tenía nada más que hacer: se emperifollaba y se iba para el pueblo en su mejor caballo, con los arneses de lujo con los que mi abuela ya se lo tenía ensillado, y como a ella no le gustaba andar entre la gente, se quedaba en la chacra y seguía **dale que dale**. Y así pasó el tiempo y nacieron los ocho hijos y dicen mis tías que ni con los partos mi abuela se quedó en cama o dejó de trabajar un solo día.

Por eso fue más terrible todavía lo que pasó. Cierto que mi abuelo León no era ningún santo y cierto que le gustaban las mujeres y que él les gustaba a ellas, y cierto que alguna vecina mal intencionada le fue con **chismes** a mi abuela y que ella no dijo nada ni hizo ningún escándalo ni lloró ni gritó, cierto; y eso que mi abuelo se acordó de repente de Ruth Bucman y anduvo unos días con el rabo entre las piernas no fuera que a mi abuela le fuera a dar por el mismo lado. No digo que él haya estado bien, pero ésas son cosas que una mujer sabe que hay que perdonarle a un hombre, y francamente no había derecho a hacerle eso a mi abuelo, ella que tendría que haber estado más que **agradecida** porque mi abuelo se había casado con ella. Y más cruel fue todo si se piensa en la ironía del destino, porque mi abuelo les quiso dar una sorpresa y hacerles un regalo a todos sus hijos y a sus hijas. Y a mi abuela Gertrudis también, claro.

Un día, mientras estaban los ocho hijos y mi abuelo León comiendo y mi abuela iba y venía con las cacerolas y las fuentes, mi abuelo contó que había llegado al pueblo un fotógrafo **ambulante** y todos preguntaron cómo era y cómo hacía y qué tal sacaba y a quiénes les había hecho fotografías. Y mis tías le pidieron a mi abuelo que las llevara al pueblo a sacarse una foto cada una. Entonces mi abuelo se rió y dijo que no, que él ya había hablado con el fotógrafo y que al día siguiente iba a ir con sus máquinas y sus aparatos a la chacra a sacarlos a todos. Mis tías se rieron y dieron palmadas y lo besaron a mi abuelo y se pusieron a charlar entre ellas a ver qué vestidos se iban a poner; y mis tíos decían que eso era cosa de mujeres y lujos de la ciudad pero se alisaban las bombachas y se miraban de costado en el vidrio de la ventana.

Y el fotógrafo fue al campo y les sacó a todos esa foto marrón en cartulina dura que está ahora encima de la chimenea de mi casa en un marco dorado con adornos y que Jaia no me deja sacar de ahí.

Era rubio el fotógrafo, rubio, flaco, no muy joven, de pelo enrulado, y **rengueaba** bastante de la pierna izquierda. Los sentó a todos fuera de la casa, con sus mejores trajes, peinados y lustrados que daba gusto verlos. A todos menos a mi abuela Gertrudis que estaba como siempre de negro y que ni se había preocupado por tener un vestido decente. Ella no quería salir en la foto y dijo que no tantas veces que mi abuelo León ya estaba medio convencido y no insistió más. Pero entonces el fotógrafo se acercó a mi abuela y le dijo que si alguien tenía que salir en la foto, era ella; y ella le dijo algo que no sé si me contaron qué fue y me olvidé o si nadie oyó y no me contaron nada, y él le contestó que él sabía muy bien lo que era no querer salir en ninguna foto o algo así. He oído muchas veces el cuento pero **no me acuerdo** de las palabras justas. La cosa es que mi abuela se puso al lado de mi abuelo León, entre sus hijos, y así estuvieron todos en pose un largo rato y sonrieron, y el fotógrafo rubio, flaco y rengo, les sacó la foto.

Mi abuelo León le dijo al fotógrafo que se quedara esa noche allí para revelarla y para que al día siguiente les sacara otras. Así que esa noche mi abuela le dio de comer a él también. Y él contó de su **oficio** y de los pueblos por los que había andado, de cómo era la gente y cómo lo recibían, y de algunas cosas raras que había visto o que le habían pasado. Y mi tío Aarón siempre dice que la miraba como si no le hablara más que a ella pero vaya a saber si eso es cierto porque no va a haber sido él el único que se dio cuenta de algo. Lo que sí es cierto es que mi abuela Gertrudis se sentó a la mesa con la familia y eso era algo que nunca hacía porque tenía que tener siempre todo listo en la cocina mientras los demás comían, para ir sirviéndolo a tiempo. Después que terminaron de comer el fotógrafo salió a fumar afuera porque en esa casa nadie fumaba, y mi abuela le llevó un vasito de licor, y me parece, aunque nadie me lo dijo, que algo deben haber hablado allí los dos.

Al otro día el fotógrafo estuvo sacando fotos toda la mañana: primero mi abuelo León solo, después con los hijos, después con las hijas, después con todos los hijos juntos, después mis tías solas con sus vestidos bien planchados y el pelo enrulado; pero mi abuela Gertrudis no apareció, ocupada en el **tambo** y en la casa. Pero qué cosa, yo que no la conocí, yo que no había nacido, como que mi padre era un muchachito que no conocía a mi madre todavía, yo me la imagino ese día escondida, espiándolo desde atrás de algún postigo entornado mientras la comida **se le quemaba** sobre el fuego. Imaginaciones mías nomás porque según dicen mis tías nunca se le quemó una comida ni descuidó nada de lo de la casa ni de lo del campo.

El fotógrafo reveló las fotos y almorzó en la casa y a la tarde las **pegó** en los cartones con una guarda grabada y la fecha y mi abuelo León lo pagó. Cuando terminaron de comer, ya de noche, él se despidió y salió de la casa. Ya tenía todo en el *break* destartalado en el que había aparecido por el pueblo, y desde la oscuridad de allá afuera les volvió a gritar adiós a todos. Mi abuelo León estaba contento porque les había sacado unas fotos muy buenas pero no era como para acompañarlo más allá de la puerta porque ya le había pagado por su trabajo más que nadie en el pueblo y las chacras. Se metieron todos adentro y se oyó al caballo yéndose y después nada más. Cuando alguien preguntó por mi abuela Gertrudis, que hasta hoy mis tíos discuten porque cada uno dice que fue él que preguntó, mi abuelo León dijo que seguramente andaría por ahí fuera haciendo algo, y al rato todos se fueron a acostar.

Pero a la mañana cuando se levantaron encontraron todavía las lámparas **prendidas** sobre las mesas y los **postigos sin asegurar**. No había fuego ni comida hecha ni desayuno listo ni vacas ordeñadas ni agua para tomar ni para lavarse ni pan cocinándose en el horno, ni nada de nada. Mi abuela Gertrudis se había ido con el fotógrafo.

Y ahora digo yo, ¿tengo razón en decir que esa foto no tiene por qué estar en la chimenea de mi casa? ¿Y cuando los chicos pregunten algo?, le dije un día a Jaia. Ya vamos a ver, dijo ella. Preguntaron, claro que preguntaron, y delante de mí. Por suerte Jaia tuvo la sensatez de no explicar nada:

— Es la familia de papá —dijo—, hace muchos años en el campo, cuando vivían los abuelos. ¿Ven? **El** *zeido*, **la** *bobe*, tío Aarón, tío Isidoro, tío Salo.

Y así los fue nombrando y señalando uno por uno sin hacer comentarios. Los chicos se acostumbraron a la foto y ya no preguntaron nada más.

Hasta yo me fui acostumbrando. No es que **esté de acuerdo**, no, eso no, pero quiero decir que ya no la veo, que no me llama la atención, salvo que ande buscando algo por ahí y tengo que mover el marco dorado con adornos. Una de esas veces le pregunté a Jaia que estaba cerca mío revolviendo los estantes del *bahut*:

— ¿Me vas a explicar algún día qué fue lo que te dio por poner esta foto acá?

Ella se dio vuelta y me miró:

— No —me dijo.

No me esperaba eso. Me esperaba una risita y que me dijera que sí, que alguna vez me lo iba a contar, o que me lo contara ahí mismo.

— ¿Cómo que no?

— No —me dijo de nuevo sin reírse—, si necesitás que te lo explique quiere decir que no merecés que te lo explique.

Y así quedó. Encontramos lo que andábamos buscando; o no, no me acuerdo y nunca volvimos a hablar Jaia y yo de la foto de mi abuela Gertrudis sobre la chimenea en su marco dorado con adornos. Pero yo sigo pensando que es una ofensa para una familia como la mía tener en un lugar tan visible la foto de ella que parecía tan buena mujer, tan trabajadora, tan de su casa, y que un día se fue con otro hombre abandonando a su marido y a sus hijos de pura maldad nomás, sin ningún motivo.

GLOSARIO

no me acuerdo (acordarse): no tengo memoria de algo o alguien
agradecida: que da gracias a Dios, o a alguien
alaridos: gritos
ambulante: que anda de lugar en lugar, que viaja
había amenazado (amenazar): había intentado hacerle mal a alguien
apellido: nombre de familia
apuntar: aspirar, ir en dirección de

apurones: preocupaciones
bigotazos: bigotes grandes del hombre
bizca: tener los ojos cruzados
callarme: no hablar, cerrar la boca
chacra: finca pequeña
chismes: murmullos, habladurías
chueca: tener los pies torcidos
dale que dale: con insistencia
desgracia: desdicha, tristeza, mala suerte
echarle el ojo: mirar
embarazada: preñada, iba a dar a luz
me enteré (enterar): me di cuenta
esté de acuerdo (estar de acuerdo): apruebo
con ganas: intensamente, verdaderamente
genio: carácter
golpeó (golpear): dio contra un objeto
hecha una fiera: se puso muy enojada
líos: problemas
marco dorado: objeto que sirve para exhibir las fotos
mein taier meidale: mi queridita
oficio: el trabajo
pegó (pegar): ató, unió
piel: epidermis que cubre la parte exterior del cuerpo
planchada: escalera por la cual se sale del barco
postigos sin asegurar: parte exterior de la ventana abierta
prendidas: encendidas
se le quemaba (quemarse): la comida se cocinaba de más, quedó incomible
rengueaba (renguear): andaba cojo, andaba mal de pie
retrato: foto o pintura de una persona
sabía manejar: lo dirigía todo bien
shotjen: el que arregla las bodas entre posibles novios
tambo: corral
tiraron la casa por la ventana (tirar): celebraron, gastando mucho dinero
viudo: hombre a quien se le murió la esposa
el *zeido*, la *bobe*: el abuelo, la abuela
¡zi es gevein tzi miss!: ¡qué fea es!

Después de leer

Todos han cumplido con las funciones críticas de cada miembro de la comunidad. Es decir, todos 1) han buscado información sobre la escritora, su vida, los temas comunes y la época, 2) han explorado el concepto de una cámara oscura, 3) han leído subrayando las palabras clave, 4) han desarrollado un resumen breve con los posibles temas del cuento, y 5) han escrito unas preguntas de interpretación para la discusión.

Interpretaciones y análisis

A. Tarea individual

1. Escribe los elementos básicos de la lectura y algunos posibles temas del cuento. Busca ideas de apoyo en el texto para tus respuestas.
2. Al hacer el resumen, considera un doble resumen: el del cuento y el de la historia dentro del cuento. ¿Qué estructura visual servirá para representar la organización del texto? ¿Hay estructuras paralelas —o no— en términos de los personajes y del desarrollo?
3. Prepara las preguntas de interpretación para la clase y sus posibles respuestas.
4. Considerando los apuntes que tomaste sobre las estrategias de lectura y las funciones de los miembros de la comunidad de lectores, prepara una autoevaluación de tu estilo de lectura. Destaca tanto lo positivo como lo negativo de tus prácticas.

B. Discusión adicional

Usen la preparación y las preguntas de interpretación para entablar una discusión. Se debe considerar el contenido, el estilo y el uso del lenguaje. A continuación, se presentan algunas preguntas de interpretación posibles:

1. Presenten los temas. ¿Qué significa el título? Expliquen la decisión de Jaia de no explicarle su decisión a Isaac.
2. Comparen los personajes. ¿En qué se diferencia la historia de Gertrudis de la de Jaia?
3. ¿Cómo presenta esta obra el trato de la mujer en dos épocas distintas? ¿Cómo representa la relación entre hombres y mujeres? ¿Han cambiado estas relaciones hoy en día?
4. ¿Cómo difieren las dos perspectivas, la del narrador Isaac (perspectiva explícita) y la de Jaia (perspectiva implícita)? Discutan las diferencias.
5. ¿Hasta qué punto se puede simpatizar con Jaia por sus acciones? ¿Y con Isaac?
6. ¿Qué representa el uso del silencio, el silencio de Gertrudis y luego el de Jaia?
7. ¿Cómo se presenta la belleza y la fealdad en el cuento?
8. Junto a toda la clase, compartan las autoevaluaciones de sus prácticas como lectores críticos. Resuman las estrategias más útiles y también las áreas que necesitan más desarrollo.

PASO 2   ESCRIBIR POR MODELOS

La escritura analítica: Un análisis literario o social

Durante el semestre hemos estudiado técnicas de escritura de varios géneros, estrategias para realizar el proceso de escritura y claves particulares de la composición. Ahora nos toca la autocrítica de nuestro papel como escritores.

Estrategias del proceso: Yo, el narrador...
¿digno de confianza?

En el Capítulo 1 intentamos definirnos. Ahora volvemos a pensar en nuestra identidad como escritores, repasando el papel que cumplimos como narradores. El cuento de Gorodischer nos ofrece un modelo sobre la importancia de la voz narrativa. El esposo de Jaia nos cuenta la historia de su vida con Jaia y la historia de sus abuelos. ¿Qué tipo de narrador es Isaac? ¿Cómo influye en el argumento y en el tono la elección de Isaac como narrador en vez de Jaia?

Al escoger la manera de presentar una narración o un ensayo, los autores toman decisiones sobre el punto de vista que desean mostrar. La perspectiva elegida influye en el nivel de confianza del lector. El escritor establece una conexión distinta con el lector según la perspectiva tomada. Un narrador en primera persona suele asociarse con un tono menos objetivo, y puede establecer confianza, pero depende de si el "yo" es un personaje digno de confianza o no. Un narrador en tercera persona puede considerarse como un narrador fuera del texto, e incluso un narrador omnisciente, que conoce la historia y la presenta de forma o bien objetiva o bien subjetiva. Este narrador puede entrar en la mente de cada personaje y revelar los pensamientos. O puede ser muy neutral y no conocer a los personajes desde su interior sino desde una perspectiva exterior. Al escribir debemos elegir la voz narrativa que mejor logre el propósito del ensayo, sabiendo que dicha selección determina cómo el lector va a entender el argumento. Es una decisión clave.

Práctica

Repasemos el cuento de Gorodischer para evaluar el uso del narrador. Es un cuento que trata de la situación de la mujer, pero bajo la perspectiva de un hombre. ¿Qué efecto tiene la elección de un narrador masculino?

Estrategias para escribir: ¿Cómo soy como escritor?

Tal como estudiamos en las estrategias de lectura, debemos analizar nuestras estrategias de escritura. Contesta las siguientes preguntas, dando una evaluación personal:

1. *Las etapas de escritura.* ¿Cómo ha cambiado el conocimiento que tienes de tu proceso de escritura? Piensa en las etapas de escritura según momentos específicos, inclusive en los momentos en que reconociste o te diste cuenta de tu voz de escritor.
2. *Los géneros.* ¿Qué tipo de escritura prefieres? Hay muchas categorías de escritura, con registros y propósitos diferentes, como hemos visto con la descripción, la narrativa, la argumentación, el análisis y la reseña. ¿Cuáles vas a utilizar?
3. *Los lectores.* ¿Cómo cambias tu manera y estilo de escritura según el público al que te diriges? ¿Piensas en el lector al escribir tu ensayo?

4. *El proceso.* ¿Cómo ha cambiado tu proceso de escritura durante el semestre?

5. *Las recomendaciones.* ¿Qué estrategias te resultan más útiles? Si hicieras una clasificación de éstas según su importancia o su utilidad, ¿cuáles incluirías y cuáles omitirías?

PASO 3   CREAR NUESTRO MODELO

En este capítulo final, la meta es incorporar todo lo estudiado. Vamos a efectuar un ensayo de tres a cinco páginas. Puede ser un ensayo de análisis social o literario. Lo importante es que tomes ciertas decisiones sobre el propósito (el tema y la tesis), el contenido y la organización, el estilo (la voz narrativa, el tono, el registro, el lenguaje usado), y que revises el ensayo fijándote en la lógica y el lenguaje.

1. Escribe un ensayo sobre el concepto de la mujer en la obra de Gorodischer. Puedes considerar el papel de la mujer en las dos generaciones presentadas.

2. Escribe un ensayo sobre la belleza y cómo influye ésta en las relaciones personales.

Estrategias para editar: ¿Cómo soy como redactor?

Hagamos una autocrítica de nuestra redacción. Piensa en el trabajo que hiciste durante el semestre y contesta estas preguntas:

1. ¿Qué significa para ti el trabajo de editar? ¿Te resulta fácil editar tus propias oraciones o no?

2. ¿Cómo evalúas tu capacidad como editor en los ensayos de los compañeros? ¿Te costó trabajo ofrecer comentarios acertados y útiles? ¿Cuál consideras que es la parte más difícil al editar la obra de otra persona? Y al recibir los comentarios de otros editores, ¿qué tipo de comentarios te ayudaron más?

3. ¿Tienes un ojo crítico? ¿Qué recomendaciones ofreces a otros redactores?

CLAVES DE LA COMPOSICIÓN: EL ESCRITOR SABIO

Al terminar con nuestra exploración de la escritura y los diversos modelos y estrategias de la redacción, nos queda una pregunta por contestar:¿Cómo vamos a recordar toda la información? A continuación, damos unas recomendaciones:

La escritura integrada. Debemos tratar de incorporar e integrar los modelos y las estrategias cada vez que escribimos. Si no escribimos conscientes de los diversos elementos que nos ayudan a redactar un ensayo, puede suceder que la escritura sea incompleta, incoherente y superficial.

El proceso y el producto. Debemos recordar la importancia de conectar el proceso y el producto. Una escritura de calidad exige llevar a cabo un proceso bien organizado. Es difícil escribir de forma rápida y terminar con un buen producto con sólo un borrador. Es mejor pasar por todas las etapas: generación de ideas, escritura de borradores, edición, revisión y evaluación de la escritura.

Las tres claves de un buen ensayo. Debemos prestar atención al contenido (la tesis, el desarrollo y la organización), al estilo y al uso apropiado del lenguaje. La lista de verificación de cada capítulo nos ha ayudado a tener en cuenta todo esto.

El estilo propio. Debemos recordar que la escritura consiste en cumplir varias funciones representadas por los modelos estudiados a lo largo del semestre. Conscientes de esto, cada ensayo que escribimos debe reflejar nuestro estilo.

Redactar nuestro modelo y la lista de verificación.

Llegó el momento de echar un vistazo a tu propia obra.

¡OJO! Lista de verificación:

____He repasado el ensayo consciente de todo lo estudiado acerca de la escritura en este curso.

INDEX

NOTES

NOTES

NOTES

NOTES

NOTES

NOTES

NOTES

NOTES

NOTES

NOTES

NOTES

NOTES

NOTES

NOTES